音作りに悩むギタリストのハンドブック！

Guitar magazine ギター・マガジン

常に「最高のギターの音」が出せる方法

～セッティング、弾き方、機材の特色、ライブ、録音、動画……すべてを網羅～

Rittor Music

山口 和也

「最高のギターの音」は十人十色。それゆえ「このセッティングなら、誰だって最高のギターの音が出せる」……そんな都合の良い設定はありません。必要なのは音色を調整するための幅広い知識、あらゆる状況で最善の対処ができる「音作り力」です。豊富な付録音源を聴いて「耳で確認・納得」しながら本書を読んでいつでもどこでも使うことができる「音作り力」を磨いてください。あなたにとっての「最高のギターの音」が常に出せるようになるために。

この本はすべてのギタリストが求める「**最高のギターの音**」を
多様なシチュエーションを想定しつつ、
演奏面、**機材**面、**精神**面、さまざまな角度から探求する内容になっています。

ギターの音に関して、
初心者なら
「**初めて選ぶギター**はどれが良いか？」
「このフレーズでは**どのピックアップ**を選ぶ？」
「なぜ同じセッティングなのに**プロの音と違うの？**」
「**練習時の音**はどんな感じにすればいい？」

上級者なら
「曲想にフィットして最大のパフォーマンスが発揮できる**機材のチョイス**は？」
「人の感動を掻き立てる**演奏のタッチ**とは？」
「手元の弦振動が会場を鳴らすまでの**最善の経路**は？」
「大事な録音や大きなステージで**トラブルを回避する**には？」

など、いろいろな悩みや疑問があると思います。
ギターに真剣に取り組んでいる人なら
実際のところこれらの問いに**明確な答えはない**ことはご承知の通り。
しかし、自分自身の中に
鋭い「センス」
明確な「ルール」
調整可能な多くの「パラメーター」
があれば、**それぞれの答えを確実に見つけて解決できる**はずです。

本書は、その自分の「センス」「ルール」「パラメーター」を作るための助けになるでしょう。
多岐にわたる内容なので、まとめるのには大変苦労しましたが
ギターを愛する皆さんのためにギター愛を込めて書きました。
ぜひ楽しみながら読んで実践して、「**最高のギターの音**」を追求してください！

Contents

目次

「音作り」を始める前に確認してほしいこと
「良い音」で弾くために知っておきたいこと ·················· 6

ギターの音作り
「あるある」Q&A ―――――――――― 13

「音作り」のために知っておきたい
エレキ・ギターの基礎知識 ―――――――――― 22

それぞれのエレキ・ギターの特徴を知る ―――――― 23

仕様やパーツによる違い ―――――――――― 31

「音作り」のために知っておきたい
アコースティック・ギターの基礎知識 ――― 46

「音作り」のために知っておきたい
楽器セッティングの基礎知識 55

「音作り」のために知っておきたい
弾き方による違いの基礎知識 66

「音作り」のために知っておきたい
ギター・アンプの基礎知識 90

アンプでの音作りの基本とは？ 103

アンプ別で考える、音作りのポイント 106

「音作り」のために知っておきたい
エフェクターの基礎知識 113

効果別エフェクターの特徴 118

複数のエフェクター接続で役立つ知識 134

「音作り」のために知っておきたい
場所による違いの基礎知識 141

「音作り」のために知っておきたい
動画撮影／録音の基礎知識 …………………… 146

録音する時に知っておきたい音作りのポイント ……… 151

その他にレコーディングで知っておきたいこと ……… 160

アコースティック・ギターで知っておきたい音作りポイント … 163

ギタリスト以外に聞いてみました！
「私が好きなギターの音」 ……………… 81
～ボーカリスト、ベーシスト、ドラマー、キーボーディスト、音楽プロデューサー、アレンジャー、PAエンジニア、レコーディング・エンジニア、ギター・ビルダー、リペアマン、エフェクター開発者、アンプ・ビルダー、ギター・ショップ・オーナー、音楽テクニカルライター～

Column
シールド・ケーブルにはこだわる？ ……………… 138
出したい音と客席に聴こえる音の差をできるだけなくすには？…… 145
楽器店で試奏する時のコツは？ ………………… 171

付録1
ギター購入で絶対見逃せないチェック・ポイントは？ … 167

付録2
ライブで「最高のギターの音」で弾くためのトラブル回避術 …… 173

「音作り」を始める前に確認してほしいこと
「良い音」で弾くために知っておきたいこと

"良い音"とは何でしょう?

多くのギタリストの願い、それは「良い音」で演奏することでしょう。では何のために良い音を出したいのでしょうか?　またその良い音とはどんな音でしょう?　改めて考えてみると難しいですよね。

あるロック・ギタリストは「歪んだ迫力のある音」を求めるかもしれないし、あるジャズ・ギタリストは「艶のあるクリーン・トーン」、またあるクラシック・ギタリストは「繊細なタッチを表現するレスポンス」、ジャンルによっては「とにかくノイズが出ていればOK」……など、それぞれのミュージシャン／ギタリストが出したい音は千差万別で、それはひとつの尺度で図れるものではありません。

ただしそこに唯一共通点があるとすれば、それは……

それぞれの表現に最適な音

であるということです。

3歳の子供に優しい子守唄を演奏する時、「ツマミを全部10にしたマーシャル・アンプにレス・ポールを突っ込んでかき鳴らす!」……そんなセッティングは誰も取らないですよね?

今のは極端な話ですが、その状況に応じた「効果的な演奏、楽器のセッティング」があり、その方法を理解しておかなければ、表現したいことがうまく伝わらなかったり、イメージとの相違によって演奏にストレスを感じてしまうことになります。逆に言えば、しかるべき演奏、セッティングがスムーズにできてさえいれば、聴き手も弾き手もハッピーになれる音が出せる。

それが良い音の正体ではないかと思います。

そしてその音をコントロールする術をさまざまな視点から研究していくこと、それがこの本の最大のテーマです。

🔊 音 で 確 認 ! 耳 で 納 得 !
Track01 出したい音が出せてる演奏例
ジャガーのリア・ピックアップでブリッジ寄りをピッキング、浅めのクランチ・トーンにスプリング・リバーブ。レトロなイナたい雰囲気を狙った演奏。

🔊 音 で 確 認 ! 耳 で 納 得 !
Track02 出したい音が出せてない演奏例
フロント・ピックアップ、でフロント寄りの甘いピッキング、ややレンジの広すぎる深めの歪みでどうにも違う感じがする演奏。

大きな「自分のギター・サウンド・ライブラリー」を持つ

世の中にはいろいろなタイプのギタリストがいます。そしてそれぞれが**自分自身の考える最高のギター・サウンド**で、ライブ演奏を行ったり、音源を録音したりしています。今まであなたが聴いたことのあるサウンド、体感したことのあるサウンドは、そのすべてから見ると何％ぐらいでしょうか？

まず自分の中に**大きなサウンド・ライブラリーを持つこと**が大事です。多くのギター・サウンドに触れれば触れるほど、その中からあなたの声となりうるサウンド、トーンを見つけられるようになります。頭でっかちにならず、心で聴いて楽しみながら、音楽をディグって（掘り起こすように探す）みましょう。

ライブに行ったり、音源を聴き漁ったり、動画をチェックしたり、楽器屋さんで試奏したり、レッスンを受けてみたり……そんな中で「カッコいいな」「こういう音を出してみたい」と思える音に出会えたら、超ラッキー！そこから、**心置きなくそのサウンドを研究、追求してみる**のです。

ギター・サウンドを作るために重要な3つの要素

演奏技術や**機材のセッティング**は、良いギター・サウンドを作っていく上で重要な要素です。

ギター教則本やサウンドメイクに関する情報は数多くありますし、それらを習得する

ことは一見簡単なことのように思えるかもしれません。

しかし知れば知るほど、「こう弾けば良い音が鳴る!」「このツマミの位置にすれば完璧!」みたいな、**「目で見える黄金比のようなものはない」**と悟る……というのが実際のところではないでしょうか。

ただ、そこがギターの難しくも面白い所で、長年ギタリスト達を飽きさせることのない、この楽器の醍醐味でもあります。

やはり、あくまでも**頭の中で鳴っている音と実際に出ている音との「差異」**を埋めていくことが**音作りの真髄**です。

つまり頭の中にあなたにとっての最高の「良い音」が鳴っていなければ、いくら弾き方やギター、アンプのツマミをいじったとしても、永遠に自分のサウンドを見つけることはできません。

１：実際に出ている音をきちんと判断しやすい環境を整えること
２：正確に分析する耳を鍛えること
３：その対処を確実に実行する技術を養うこと

以上の３つがそろってはじめてサウンドメイクの技術を身につけられるのです。

自分が「どんな音を聴いた時に感動するのか」を知る

「感動」とは**「感情が動く」**ことです。

楽しくなったり、悲しくなったり、興奮したり、リラックスしたり……この感動は人の生活、つまり人生を豊かにする重要な要素です。

この本を手にとってくださった読者の皆さんは「その感動をギターから与えられ、今こうして自分もギターを弾いている」という方がほとんどではないでしょうか?

では、皆さん自身のこれまでの演奏を振り返り、**人を「感動」させることができ**

ているのかどうか、改めて考えてみてください。

その「感動させる相手」は、もちろん自分自身でもよいのです。

楽しくさせたり、悲しい気持ちにさせたり、ワクワク興奮させたり、落ち着くような癒やしを与えられたり、驚かせたり、怖がらせたり、笑わせたり……。

もし万が一にそれらのひとつも実現していなかったとしたら……それはヤバイことですよね。

考え直す必要があるんじゃないかと思います。

ではどのような演奏が感動を呼び起こすのでしょうか?

これは「俳優がセリフを喋ること」に置き換えてみると理解しやすいかもしれません。

例えばダンディなベテラン俳優が「愛してる」と女性に囁く……そんなシーンをイメージしてみましょう。

その俳優がどんな声でどんな喋り方なら、その女性はコロッと口説かれてしまうでしょうか?

・低音が効いている
・ハスキーに吐息が混じる
・テンポはゆったり
・最初の「あ」にアクセントがあり頭から最後までスムーズに

という感じでしょうかね、あくまでも一例ですが。

まあ一般的には

・上ずった高音
・裏声のようにひっくり返る
・テンポは速め
・セリフカミカミ……

ではないでしょう。

つまり内容（コンテンツ、この場合はセリフ）自体も重要ですが、その伝え方（デリバリー）も同じくらい重要ということです。

　そしてそれらのマッチングも重要です。

　これを同じようにギターで考えてみましょう。

　例えば「踊りだしたくなるようなノリノリのカッティング」だったら

・シャープなプレセンスの効いたトーン

・アタックが強調されるようなエンベロープ（音が鳴り始めてから消えるまでの音色や音量の変化のカーブ）

・左手のミュートがタイトに決まった、クリアでノイズレスなセッティング

などがマッチしやすいでしょう。

　「パワフルで闘争心が沸き立つようなハード・ロック・リフ」なら

・力強いディストーション

・ベースやバス・ドラムに干渉しない程度に迫力のある低音

・ピッキングのタッチでスピード感を十分に表現できるトレブル

・大きなスケール感を感じさせつつもタイトさを失わない長めで軽め（余分な低音が出ない）のリバーブがあるとグッとくる

というように必要な要素が思いつきます。

　自分の頭の中にあるサウンド・ライブラリーは、おそらく「感動」したことによってメモリーされているはずです。

　このようにその**「感動」の理由**を改めて分析して、自身のサウンドメイクにも当てはめてみるのが**「自分の好きな」良いサウンドを出す近道**でしょう。

自分が「弾きたいスタイル、表現」に合った「作法」を知る

　ギターには数多くの代表的な演奏スタイルがあります。

　ブルース、カントリー、レゲエ、ファンク、ジャズ、ロック、ロカビリー、メタル、ボサノヴァ、フラメンコ、演歌……あげだせばキリがありません。

　しかしそれぞれに「らしい」奏法、機材のチョイス、セッティング、サウンドがあり、**その「作法」を学ぶことも良いサウンドへの近道だ**と思います。

　例えば聴き手の立場から考えてみてください。

　「メタルが聴きたいなあ」と思って聴いた音楽が「激しいビートの上で、ギタリストが艶やかなトーンのフルアコのギターをしっとりと延々弾き続ける曲」だったら、「これじゃねえ……」となるのはあたり前の話です。

　逆も然りで、「ジャズを聴きたい」と思った時に「ギタリストがドンシャリのディストーション・サウンドでタッピングをピロロロロゥ！」だと、「これも違う……」。

　というわけで、特に奇をてらわない限りは、いわゆる「らしさ」を追求することは「良い音」への重要なミッションであって、「らしくない」はできるだけ避けたいところです。

　自分の表現したいスタイルを知り、**その表現に必要な技術やセッティング**を模索しましょう。

ギター・サウンドは「膨大な要素」で成立することを知る。

　ギター・サウンドは他の楽器と比較した場合、とても多くの要素によって構成されています。

　特にエレキ・ギターでは、ギター本体、ピックアップ、ボリューム＆トーンの設定、弦、ピック、シールド・ケーブル、複数のエフェクター、アンプといった要素があります。

　さらにライブ演奏のシチュエーションまで考えれば、アンプへのマイキング、PAコ

ンソール、スピーカー、会場の響き……など、音に影響する要素はきりがないくらい数多くあげられます。

これもまたギター・サウンドの面白いところではあるのですが、これだけ多くの要素が絡んでくることを知れば、**「なんとなく感覚でやっつけられる」ほど、音作りが甘くはない**ということがわかるはずです。

自分が望むサウンドを得るためには、それぞれの要素がどのようにサウンドに影響するのか……それらをひとつひとつ研究して、**バランス良く組み立てていくこと**が重要となります。

演奏で何よりも大事もの、それは「マインド」

先に「コンテンツ（内容）」と「デリバリー（伝達）」の話が出ましたが、それも土台となる「マインド」が良いものでないと台なしです。

ここでいう「マインド」とは、つまり**「心がけ」**です。

例えばセッションで周りの注目をかっさらうほどに抜群のフレーズを抜群のサウンドで演奏したとしても、心の奥底で「あ〜あこんなダセえ曲は早く終わらして帰りてぇ。てか、俺うまいでしょ？　お前らとは違うし！　俺が一番だ!」……なんてことを考えてるような人の演奏にはそのマインドが滲み出してしまうものです。ですから、そういう人は「上手いんだけどな……」的な評価を受けてしまったりします。

逆を言えば「みんなを楽しませたい!メンバーの演奏を引き立たせたい!」と考えて演奏している人は、演奏やサウンドがそれほどでなかったとしても「いいね!」という感想を得やすいものです。

このことは数多くの演奏を経験してきたミュージシャンであれば肌感としてわかるものでしょう。

この本のテーマとは少し違うかもしれませんが、このこともギター演奏において非常に重要な要素のひとつだと感じるので、ここに書かせてもらいました。

ギターの音作り「あるある」Q&A

自分にとって「最高のギターの音」を作る上で、よくある質問について回答します！

Q 自分はバランスがいい音色と思っていたが観客からは「キンキンした音だった」と……。どうする？

A この原因の多くは**アンプに対しての耳の位置**でしょう。ステージの高さが1m程度と低い場合、ちょうどアンプのスピーカーが観客の耳の高さに来てしまうことがあります。自分の足元にあるアンプの音を聴いている奏者と目線の高さのアンプの音を聴いている観客では**聴こえ方が違うのは当たり前**です。このような場合はコンボ・アンプが柔軟に対応ができて有利です。アンプ・スタンドを利用（写真）してアンプの高さを変えたり、アンプをスラント（斜め置き）させたりして対処しましょう。そうすることで観客への音の直撃を防ぎ、自分自身のモニタリングも正確なものになり、適切な音作りができます。フェンダー・アンプでは左右にあるステーというパーツを利用、JC−120であれば後ろ側のキャスターを取り外せば、スピーカーが斜め上に向くようにアンプを傾けて設置することができます。

※さらに103ページの内容も参考にしてみてください！

好きな音にセッティングするとハウってしまう！どうする？

どのポジションでもハウってしまうようなら、**ゲイン、ボリュームの上げ過ぎ**か、**アンプとの距離が近すぎる**ことが原因でしょう。

特定の、例えば6弦のG音を弾く時だけハウる、みたいな状況なら、ギターやその演奏場所の**音響特性**によるところの可能性が高いので、特定の周波数をEQでピンポイントでカットしてノッチ・フィルター（特定の周波数のみカットする回路）として活用してみましょう。下の各ノート（音）に対応する周波数の表を見ながら、ハウリングのポイントを探ってみると良いかもしれません。

B	C	C#(D♭)	D	D#(E♭)	E
61.74Hz	65.41Hz	69.30Hz	73.41Hz	77.78Hz	82.41Hz
123.5Hz	130.8Hz	138.6Hz	146.8Hz	155.6Hz	164.8Hz
246.9Hz	261.6Hz	277.2Hz	293.7Hz	311.1Hz	329.6Hz
493.9Hz	523.3Hz	554.4Hz	587.3Hz	622.3Hz	659.3Hz
987.8Hz	1047Hz	1109Hz	1175Hz	1245Hz	1319Hz

F	F#(G♭)	G	G#(A♭)	A	A#(B♭)
87.31Hz	92.59Hz	98.00Hz	103.8Hz	110.0Hz	116.5Hz
174.6Hz	185.0Hz	196.0Hz	207.7Hz	220.0Hz	233.1Hz
349.2Hz	370.0Hz	392.0Hz	415.3Hz	440.0Hz	466.2Hz
698.5Hz	740.0Hz	784.0Hz	830.6Hz	880.0Hz	932.3Hz
1397Hz	1480Hz	1568Hz	1661Hz	1760Hz	1865Hz

※6弦開放のE音は82.41Hzです。1段ごとにオクターブ高い音になります。
　1弦22フレットのD音は1175Hzです。
　色のついた数字は22フレットのギターでレギュラー・チューニングの場合の、通常の押弦で出る音です。

Q ギターだけ鳴らしてたらいい音だったのに、バンドで音出ししたら聴こえなくなった……。どうする?

　それは他の楽器による音で、ギターの音がかき消されるマスキング効果によるものでしょう。

人間の耳の特性ですが、**ベースの低音**やドラムの**シンバルの高音**によって、その周波数帯にあるギターの音の成分が飲み込まれてしまう状態です。

これに対処するには、それらとかぶってしまうギターの帯域をやや削ぎ落とし、他のパートがいない帯域の周波数を充実させたギター音にすることです。

ただしその調整をしていくと、**低域や高域を抑える→全体のボリュームが下がるので上げる→結果的にミドル押し（中域が豊かすぎる）の暑苦しいサウンドになりすぎる**、ことも多々あります。調整したことで逆にギターがヴォーカルの帯域を食ってしまわぬよう、気をつけながらバランスを取りましょう。

本番開始、
音色がリハーサルと全然違って聴こえる!
さてどうする?

観客が入ると音が吸われて会場の響きがデッド(反響が少ない状態)になり、**リハと雰囲気が変わる**というのはよく聞く話で、バンドマンの常識といえるでしょう。

ただ客入れによってモニタリングがしにくくなるということは少なく、どちらかといえば**リバーブ感の違いで雰囲気を出しづらい**(リバーブやディレイが欲しくなる)ことのほうが多いと思います。

この現象に関しては**空間系エフェクター**を少し調整してやることで解決できます。

それよりもリハーサルと本番で起こりやすい変化で1番問題なのは各パートの音量バランスが変化して「**モニタリングがしにくくなる(自分の音が聴こえない。それによって力みが出たりタッチが変わってしまう)**」ことです。

やはり本番になると気合が入って音量が上がりやすいものです。

アマチュアなら特にその傾向が出てしまうでしょう。

特に生ドラムは楽器の特性やレンジ、直接耳に入る音量も大きいことから影響度が高く、そこに触発されたベースもまた大きくなって……と、どんどんギターのサウンドをかき消してしまいます。

ドラマーが不慣れな場合は、**リハーサルの時点で「本気で叩いて」**と声をかけておきましょう（笑）。

　万が一それでも本番中に自分の音が聴こえなくなったら（想像力でカバーできる範疇を超えたら）モニターマンに調節してもらいます。

　本番中はPAとはコンタクトが取りにくいですが、PAが遠くに離れた場所だとしても**自分のギターを指差してサムズアップ（親指を上に向けた手を上下に動かす）**すれば、**モニターのギター音量を上げてくれる**はずです。

　ただしこの処理は中音がどんどん大きくなる悪循環につながるので応急処置です。

　MCの間などの隙があれば、口頭でやり取りして**他の楽器の音量を下げてバランスを取りましょう。**

　ただ本番中にこのような作業は一苦労。やはりできる限り事前に準備しておいて、このような事態を避けるべきです。

Q 普段はシングルコイル搭載のギターだが借りられるギターはハムバッカー搭載のみ。どうする?

A　エレキ・ギターの音はさまざまな要素で成り立っていますが、やはり心臓部である「ピックアップ」の種類によるサウンド傾向の違いはとても大きいものです。ただしその違いを具体的に把握していれば、音作りの技術で、ある程度は「寄せる」ことが可能でしょう。質問の状況でいつものサウンドにする（ハムバッカーの音をシングルコイルに寄せる）にはイコライザーを活用します。

　ハムバッキングらしさともいえるどっしり感を担うロー・ミッド200〜250Hzあたりをカットして軽快な感じを出し、あえて800Hz〜1kHzは触らず、2kHz〜4kHzを耳が痛くなる手前までブーストします。8kHz以上のプレゼンスは元のハムバッカーの特性に合わせて調整、音色に閉塞感があれば足しましょう。

　逆にシングルコイルをハムへ寄せるには以上の作業と逆方向に調整して、ほんの少しコンプレッサーも併用すると感じが似てくるでしょう。

　こういった「別ピックアップに変化させる」という場面、そう多くはないかもしれませんが、細かなEQの調整に慣れていけば、聴こえている音を周波数で具体的にイメージできるようになり、周波数表記のない3バンド程度のアンプのイコライザーでも、必要な音を迅速に躊躇なく作れるようになります。

バンドにギタリストが2人いる、セッティングはどうする?

バンドの音楽性がどういうものかにもよりますが、「EQを駆使して一方は低域を中心、もう一方は高域を中心にして、それぞれトーンをセッティングし分ける」……みたいなことは、実際はほとんどやりません。それぞれのサウンドが常に偏った状態になってしまい、**調整の幅が狭くなってしまう**からです。

プロの演奏現場ではまず下地として、演奏するフレーズを**レンジ**でそれぞれ分け、使用するギターも**ピックアップや音響特性の違うギターで分ける**ということをします。

よくある例は、一方はレス・ポール系ディストーション・ギターでのパワー・コードで曲を下支えし、もう一方はストラト系ギターでクリーン・カッティングやアルペジオでコード感を補うなど、**役割とそれに沿ったサウンドを相談して決め込んでいくパターン**です。そしてその上でピッキングの強弱やボリューム・ペダル操作などで**演奏のダイナミクスを常に調整**していきます。

「セッティングはどうする?」という問いには「**常にコントロールがしやすいセッティングにしておく**」というのが答えでしょう。自分が楽曲に対してどのように**貢献するかを把握**しつつ、**お互いの演奏をよく聴いてリニアに反応できる**2人のギタリストがいれば、どんな状況でもお互いの演奏を食い合わずに楽曲を生かすことができます。

ボーカルの声量に合わせて、いつもより小さめの音量で弾くことになった。どうする?

ボーカルは肉体を楽器として使うため、どうしてもコンディションをキープしきれない部分があります。楽器メンバーは**その状況を理解してカバーする必要があります**。ステージ上の中音が大きくなりすぎた場合は、各自ボリュームを落としてボーカルがモニタリングしやすい環境を作りましょう。アンプを**後方に置く**or**向きを変える**、いっそ**ライン環境にしてしまう**(後述するOXのAmp Top Boxのようなロード・ボックスがあれば、アンプのセッティングとサウンドをそのままにキャビネットからの音量を下げてPAにラインで音を送ることができます)など、柔軟に対応して、**フロア・モニターからギターの音を返してもらいつつ**、バランスを取りましょう。

エフェクターのリバーブを上げるとギターの音がボケる! どうする?

プリディレイを長めに設定すると良いでしょう。プリディレイは「原音と反射音の時間差を調整して空間の広さの表現をする」部分ですが、**原音とリバーブ音のかぶりを避けて濁りを少なくすることもできます**。リバーブ音の低音部分をカットしてリアなサウンドにする方法もあります。コンパクト・ペダルでも、このあたりのパラメーター装備のものがあるので(TC ElectronicのHall of Fame 2 Reverbなど)、その辺も参考にしつつリバーブを選びましょう。

ブー・ノイズとサー・ノイズ、原因は何?

低周波数のブーというノイズの原因は、大抵が**電源周りの問題**です。電源を取る位置を替えたり周辺の機材の電源を抜いたりしましょう。エフェクターが AC アダプター駆動なら、電池に切り替えてみたりして対処します。

サーという高周波数のノイズの場合は、**どこかで非効率的にゲインが上がっているかもしれません**。例えば接触不良が原因で元のボリュームが上がっていないのに、アンプのボリュームを最大にして調整している……などです。この状態は突然爆音とともに改善する場合があり、大変危険です。まず最終段のボリュームを絞って安全を確保した後に、各所を点検してみましょう。

複数のバンドでライブする時、他バンドと同じレンタル・アンプを使うことに。どうする?

皆がアンプを同じセッティングで使うわけはありません。サウンド・チェックがすんだら**自分のセッティングのツマミの位置はメモ**しておきましょう。

ツマミ位置の写真をとって記録しておくのが、時間が限られた場では1番スマートな方法です。念のため、**自分の立ち位置に対してのアンプ、モニターの設置場所**も把握しておきましょう（稀に変更される場合がある）。

「音作り」のために知っておきたいエレキ・ギターの基礎知識

　ギターにはさまざまな種類があり、それを構成する要素も無数にあります。

　この章では、音作りはもちろん、プレイアビリティにも大きく影響がある、ギターのポイントを紹介していきましょう。

　自分の出したい音を出すためには、使用しているギターにはどのような特性があるのか、目指している音作りに対しての向き不向きを知ることは必要不可欠です。

　またこれからギターの購入を検討している場合にも、「これは外せない！」という条件を本章に書かれたことの中から見つけて、ぜひギター選びの参考にしてください。

※ Track03 ～ 15 の音源は音色比較のため、ギター本体やタッチによる音の変化が現れやすいクランチ・トーンに設定、すべてのギター、すべてのポジション（2ピックアップ3ポジションのギターならフロント、ミックス、リア。3ピックアップ5ポジションのギターならフロント、センター、リア）で、まったく設定を変えずに録音しています。そのためギターによっては多少フレーズとマッチせず、歪みが深めに、あるいは浅めになったりする部分もありますが、その差も含めて参考にしてみてください。

それぞれのエレキ・ギターの特徴を知る

レス・ポール系

ソリッド・ボディ（空洞なし）＆セット・ネック構造（ボディとネックが接着接合）という組み合わせが大きな特徴です。**一般的な重量は3.5kg～5kg**。エレキ・ギターの中では**重い部類**です。ボディにしっかりと固定されたチューン・オー・マチック・ブリッジやテイルピース・ブリッジ仕様が多く、**存在感のあるタイトな低音、長いサスティーン**が特徴的です。一般的には**ロックを中心にしつつも、あらゆるジャンルをカバーできる**懐の深いギターという印象でしょう。ボディ片側だけえぐれたシングル・カッタウェイ、両サイドがえぐれたダブル・カッタウェイがあり、構造の違いから**ロー・レンジの再生**に多少の差が生じます（後者のほうが**低音がやや薄くなる傾向**）。この系統では、Gibson の LesPaul や SG、PRS の Macarty などが代表的です。

1954年製 Gibson Les Paul Conversion：元々搭載されていた P-90 から 60 年代のステッカー・ナンバード・ピックアップ（ハムバッカー）に交換されたもの。

🔊 音で確認！耳で納得！

Track03 レス・ポール系 ※写真のギター
音源は音色比較のため、ギター本体やタッチによる音の変化が現れやすいクランチ・トーンで統一。ピックアップはフロント、センター、リアの順で演奏しています。甘く太いフロント、ギラッと光るセンター、タイトかつ太い切れ味のリア。いかにもクラシックなレス・ポール・サウンドです。

レス・ポール・サウンドの核とも言える、チューン・オー・マチック＋ストップ・テイルピース構造。

テレキャスター系

ソリッド・ボディ&デタッチャブル・ネック（ボディとネックがネジ止め接合）というシンプルな構造により、**余分な低音がなく歯切れのよい軽快なサウンド**が得られるタイプ。そのサウンドの特性から、シンガーのいる編成でのリズミックなアプローチでは抜群の汎用性を発揮し、**ポップスからファンク、ブルース、カントリー、R&B**まで幅広く活躍します。とはいえ基本的にはヘヴィ系にまで使われる印象はありません。ただし搭載ピックアップのセレクト（ハムバッカー搭載）やブリッジのモディファイ（伝統的な3WAYブラスの場合は**クリスピーな鳴り**、モダンな6WAYスチール・ダイキャストになると**タイトな鳴り**の印象）次第では、ヘヴィ系にも対応可能なポテンシャルを持っています（トム・モレロやジョン5なども愛用）。もちろんFenderのTelecasterが代表的モデルで、それを追随するモデルが各社からリリースされています。

🔊 音で確認！耳で納得！

Track04 テレキャスター系 ※写真のギター
シンプルな構造ゆえに全体的に立ち上がりの早いサウンド。センター・ポジションではこれ以上ないほどの瞬発力を表現します。

Fender Mexico Telecaster：これは鳴りの良い個体で、1本でアレンジの隙間をきれいに埋めてくれる印象。近年の自分でのレコーディングでの使用頻度もダントツに高い1本です。

やはりテレキャスター・サウンドに大きく影響するのは3WAYのブラス・ブリッジです。

ストラトキャスター系

ソリッド・ボディ&デタッチャブル・ネックという点はテレキャスター系と同一ですが、シンクロナイズド・トレモロが大きな特徴と言えるでしょう。アーミング・プレイが可能となるのはもちろん、その**トレモロ自体の響きが加わり、ピッキングの際の音色に弾力を増したレスポンス**が感じられます。

シングルコイル・ピックアップを3つ配置したものが一般的ですが、特にそのフロントとセンター、またはセンターとリアなどをミックスした**「ハーフトーン」**は、**他の機種では得られない特徴的なサウンド**。Fender Stratocaster が代表的モデルで、追随するモデルが各社から発表されています。

※ハーフトーンの音は Track61(151 ページ) で聴くことができます！

1962 年製 Fender Stratocaster：ストラトキャスターはエレキ・ギターの代表選手ですが、比較的サウンドの個性が強いモデルとも言えるでしょう。音を出した途端、数々の名演のサウンドが頭をよぎります。

🔊 音で確認！耳で納得！

Track05 ストラトキャスター系
※写真のギター
シンクロナイズド・トレモロにより、弾けるようなニュアンスを全体にまとっています。特にセンターは、他にはない最もストラトらしいトーンと言えるかもしれません。

その個性的なサウンドはこのシンクロナイズド・トレモロの構造によるところが大きいでしょう。タイトなレスポンスとロー・エンドがしっかり保たれている点が、最も受け入れられている要因かも。

フルアコ系 (フル・アコースティック系)

アーチ・トップのアコースティック・ギターにそのままピックアップを載せたギターで、ボディ内は全くの中空（ホロウ）状態となので、**生音でもある程度の大きな音が出ます**。弦振動はボディのトップ面に吸収されるため、**アタックは抑えられ、サスティーンも短めで、ピッキング時の音色の「ポワン」としたレスポンス**が特徴的。フィードバックしやすい中空の構造ゆえ、**主にはクリーン・サウンドで、ジャズやR&Bでの使用が多い**です。ただし**軽い歪みをセンスよく加えれば、ブルースやロックン・ロールなどでもかっこよく使えます**（筆頭は歪ませたGibsonのByrdlandをかき鳴らすテッド・ニュージェント！）。GibsonのES-175やES-330 L-5、そしてGretschの6120などが有名。

1996年製 Gibson L-4CES：ボディ・サイズはES-175と同じ16インチながら、上位機種のL-5CESと同等のソリッド・スプルースのトップとエボニー指板です。

🔊 音で確認！耳で納得！
Track06 フルアコ系 ※写真のギター

特にこの個体は弦がフラット・ワウンドなので、フロントは甘さや短いサスティーンが際立ちますが、リアは影響が少ないのか、意外とキレがあるサウンドのように感じます。

写真ではわかりにくいかもしれませんがスプルースの木目はやや細く、きれいなストライプ状。ハイ・グレードなホロウ・モデルに採用されるスプルースならではの豊かな響きがあります。

セミアコ系（セミ・アコースティック系）

　ホロウ構造ながら、内部にブロック（ピックアップ下、ブリッジ下のセンター・ラインを通るよう設置されることが多く、センター・ブロックと呼ばれる）を設けることで**サスティーンの向上**、ハウリング対策を施したギター。サウンドは仕様によって幅広いですが、**ピッキング時のアタック音にまとわりつくような「ポコン」というレスポンス**が特徴的。**ブルース、ファンク、R&Bを主軸にしながらも、かなり広いジャンルをカバー**できます。GibsonのES-335などが代表的なモデルでしょう。

1965年製 Gibson ES-335: ナット幅が狭くなる過渡期のモデルで、これは42ミリをキープしたワイド・ネック仕様。チューン・オー・マチック＋ストップ・テイルピースに変更され、比較的タイトでサスティーンのある音です。ブランコ・テイルピースの場合は、もっと柔らかいエアー感のある音です。

完全なホロウ・ボディではなく、ボディの真ん中にセンターブロックと呼ばれるソリッド材を持った構造（囲み箇所の内部）。

🔊 音で確認！耳で納得！

Track07 セミアコ系 ※写真のギター
こちらもリアはタイトで、ソリッド・ギターとそこまで違わない感じですが、フロントやセンターには特有のエアー感、立体感のあるレスポンスが感じられます。

モダン・コンポーネント系

モダンという呼称の通り、**現代的なテクニックを演奏に用いるギタリストのためにプレイアビリティを優先したさまざまな要素を併せ持ったギター**のことです。

基本はストラトキャスター・タイプ、つまりデタッチャブル・ネックとトレモロ・ユニットの組み合わせが多いですが、その要素に加えてヘヴィなサウンドにも対応するハムバッカーをセレクトしたり、ハイ・フレット寄りでのチョーキング時の音づまりなどを軽減するフラットな指板、指板と指との摩擦を軽減する大きめのフレット、抱えやすいディンキー・シェイプ（ストラトと比較すると、やや小ぶり）のボディ、幅広い音程変化が得られるロック式トレモロなど、さまざまなアイデアが盛り込まれています。Shur、Tom Anderson、James Taylorなどがこの手のギター・ブランドとして有名です。

🔊 音で確認！耳で納得！

Track08 モダン・コンポーネント系
※写真のギター
クリアで雑味の少ないサウンドです。リアはパワーがあり、それぞれのポジションでのトーン・バランスが取れ、いかにも使いやすそうな印象です。

Fujigen EOS: 良質な材、長年培った加工技術、ネックやピッチの安定度はストレスを感じさせません。各弦のスケールを整えるサークル・フレッティング・システム、高域に行くほどRがフラットになるコンパウンド・ラディアス指板。フラットな印象で奏者の個性を載せやすいタイプです。

モダンなモデルに多く採用、多ジャンルに対応できるS-S-Hのピックアップ配列。多くの楽曲を演奏するアーティスト・サポートの現場などでは、安心感を感じる配列です。

多弦ギター系

昨今、ギターの多弦化はヘヴィ・ミュージックの盛り上がり、演奏スタイルの多様化に伴い、もはや一般的なものになりつつあります。7弦はもとより8弦、9弦、なんと10弦ギターまであり、もはや「どう弾いてよいかわからない」「そもそもギターと呼べるのか謎」というものまであります。

一般的には**低い音域に弦が増えていくパターンが多く**、ベースの領域に侵食していく方向に進化をしていて、10弦ともなるとベースレスの編成でも**十分な低音パートを演奏可能**といえます。IbanezやStrandbergなどが多弦ギター・ブランドとして有名です。

ARISTIDES 070：セラミックの一種であるアリウムで一体成型されたボディの7弦ギター。そのボディは弦振動を余すところなく受け止め、非常にサスティーンもあり、低音の再生もぼやけない印象です。26.5インチのエクストラ・ロング・スケールでピッチの安定感も問題なし。ヘヴィなサウンドを出力するなら、このあたりのポイントを押さえているギターを選びたいところです。

🔊 音で確認！耳で納得！

Track09 多弦ギター系 ※写真のギター
こちらは03〜08とはまったくフレーズを変えて、7弦ならではの演奏です。ほんの2音半音程が低いだけの7弦を使うだけで一気に世界が変わるのは不思議ですよね。

変形or新素材系ギター

　伝統的な変型ギターなら、Gibson社のFlying V、Explorler、Modernなどが思い浮かぶでしょう。その形状による音響特性が違うのはもちろんですが、むしろプレイアビリティの変化のほうがプレイヤー、サウンドへの影響は大きいのではないかと思います。ただし近年では**異素材／新素材**を利用したギター製作も活発で、形状はさらに自由度を増し、**より独創的なサウンド**を出すギターも目立ちます。古くはカーボングラファイトを利用したSteinbergerに始まり、多弦でも紹介したセラミックのARISTIDES、アルミニウムでボディの骨組みを作るRelish Guitarsなど、**新たなサウンド**を求めるギタリストにとってとても興味深い革新的なギターとなっています。

Relish Guitars JANE：素材も構造も独特なモデルの例としてこれを取り上げました。アルミ・フレーム・ボディ＋ホロウ構造からくる独特のレゾナンスは新感覚。モダンでクリアな音ですが、ES-330を彷彿とさせるレスポンスで伝統的な演奏にも意外にマッチします。

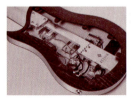

バック・パネルはマグネットで簡単に取り外し可能。一体になったセンター＆サイドのアルミ部分を骨格に、木製パネルでサンドイッチした構造です。ピックアップはハンダ付けなしで簡単に取り替えが可能です。

🔊 音で確認！耳で納得！

Track10 変形ギター系 ※写真のギター

素材の響きが随所に感じられ、レンジの広いリッチなサウンドは新鮮です。やはり自分のシグネチャー・トーンを得るには、ギター選びから真剣に取り組まなければいけません。

形状（ボディ、ネック）

ボディの形状、ネックの形状はギター・サウンドに大きな影響を与えます。その中でも特に重要なのはネックの形状、幅の広さ、厚さです。ネックが太くなればローミッド以下がふくよかになり、**「太い」音**に、逆に薄く、細いネックになれば**シャープな音色**になっていきます。特にピッキング直後のアタック部の音質変化が顕著。単純に太い角材と細い角材を叩いてみた時の音質の違いが想像しやすいと思いますが、それがギターになった時にも同じように起こるわけです。

ソリッド or ホロウ

現実的なギターのサイズの範囲では、ソリッド（内部空洞なし）かホロウ（内部空洞あり）かというよりは、**ネックからブリッジ下までの剛性による音質変化**が大きいでしょう。やはりブリッジ下に大きく空洞があるフル・アコースティック構造では、ピッキングによるレスポンスに遊びがあり、サウンドには**「にじむ」ニュアンス**があります。

デタッチャブル・ネック or セット・ネック

ネックとボディ接合方法にも種類があり、ボルトで両者を固定する方式をデタッチャブル・ネック、接着剤で両者を固定する方式をセット・ネックと呼びます。従来は、「セット・ネックのほうがハイ・コストですが**振動伝達効率の面で有利**」とされていました。しかし加工精度が上がった現在ではデタッチャブルでも十分な剛性が得られるため、ハイエンド・ブランド（Tom Anderson、Collings、Taylor）でも積極的にデタッチャブル方式を採用する傾向にあります。これはリペア時の利便性、ネック仕込み角度や固定の強度が調整可能といったメリットを重要視した結果であろうと推測できます。

ボディとネックがプレートを介してネジ止めされたデタッチャブル方式。このプレートの材質や重さの違いでも音色をアジャストできるとも言われています。

伝統的な接着剤で接合されたセット・ネック方式。ネックに問題が発生した時はスチームで接着剤を溶かしてリセットなど、かなり大がかりなリペアになってしまいます。

ボディ、ネック材質

　ギターに用いられる材の主なものは「木」です。カタログなどのスペック表を見れば、さまざまな木材の名称を確認できるでしょう。しかし「メイプルだからこんな音がする」「マホガニーだからこういう音」と決めつけてしまうのは一概に正しいとはいえません。それぞれの個体差、また同じ木でも製材の際に切り出す部位が木の低い方（根本）か高い方か、木の中心か外側か、板目か柾目か、また製材後に乾燥＆シーズニングがキチンと行われているかどうかなども、かなり重要になってきます。

　ただし材の種類によって性質の傾向は確実にあり、**それらを組み上げてギターとして完成させた際の「トーン」を予測・想像する**ことは、ある程度可能でしょう。特に木材の比重や強度、油分の含み方は、**完成したギターのトーンに影響を及ぼしやすい要素**のように思います。特にソリッド・ギターではネック材の性質は重要で、ヴィンテージ指向の場合は**「軽く硬い」傾向のものが、レスポンスも良く（打てば響く）**好まれる傾向にあります。

　モダン指向では**「重く硬い」もの**も、**低音やサスティーンに優れる**ため好まれることがありますが、音の発生源である弦の質量との関係で、**重すぎるもの**

はトーンの複雑性を引き出しにくいでしょう（ただしヘヴィ・ゲージ使用、多弦ギター、ベース・ギターなどの場合は、弦の質量も増えるので、ネックの重さの許容度は違う）。

　乾燥＆シーズニングが十分でない**「重く柔らかい」**ものは、俗に**「鳴らないネック」「反りやすい地雷ネック」になってしまう可能性**が高そうです。

　それぞれの木の詳細について知りたい方は、「木　特徴　重量」「wood spec gravity」などの用語で検索してみても、いろいろな情報が得られると思いますので探してみてください。

指板

　指板材も、ネック材やボディ材同様か、それ以上にトーンに対して影響力を持っています。弦振動をネック材よりも先に受け止める部分ですから、そのキャラクターはより早い段階で感じられ、**トーンの印象を左右しやすい**のです。これもどれがどういう音だ！と一概には言えないものですが、確実に材による傾向はあって、**その材の響きがギターのトーンに反映されているという印象**がハッキリとあります。

　国内有数のギター・ブランドであるフジゲンの工場で材の選定をさせて頂いた際に一般的な指板材をタッピング（軽

く叩く）して比較させてもらった時は、それぞれの響きの違いが想像以上にあって驚きました。

　例えばエボニーは**カンカンという金属のような音**、ローズウッドは**ポンポンという乾いた音**、メイプルは**コンコンと鳴る素朴な音**、その他にもココボロ、カリマンタン・エボニーなど、さまざまな指板をタップしましたが、**どれひとつとして同じようなサウンドではなく**、とてもカラフルに感じました。

　中でも高価に取引されているブラジリアン・ローズウッドの「エボニーほど硬くなく、ローズよりツヤのある」**とてもバランスの良い音楽的なサウンド**が印象深かったです。やはり自分が好みのギターにもブラジリアン・ローズウッドが指板として採用されていることが多く、腑に落ちる結果となりました。重量、強度などのスペックも大事ですが、**叩いてみれば一瞬でわかる!**のです。百見は一聴にしかず！ですから、皆さんも機会があればぜひ試してみることをオススメします。

ローズウッドの中でも光沢があるハカランダ指板。

塗装

　基本的には、ルックスのため、そして湿度やキズなどからの保護のために施されているギターの塗装ですが、サウンドやプレイアビリティにも大きく影響を与えます。ギターの素材として多く利用される木は、天然の素材であり、不均一です。無塗装のまま利用されることもありますが、**均一に響きやすくしたり、低音を引き締めたり、高音域の伸びを得るという効果**を、計算された塗膜によって得るのが一般的です。

　多くの優れたギターでは、**優れた材の響きを阻害せず、ちゃんと補正する**ような、極限まで薄い塗装が施されます。薄い塗装では均一性は得にくくなりますが、**演奏タッチによるサウンドの変化を引き出す**ことができます。逆に響かない安価な材を利用して、分厚い塗膜によってなんとかギターの体裁を保つ……というような力技の塗装のギターもありますが、どれも**同じような平面的なサウンド**になりがちです。

　塗膜の厚さや硬さの影響度は少なくないですが、元々の材によるポテンシャルも重要なので、**最終的なサウンドが良ければオーケー**でしょう。それよりも重要なのがプレイアビリティへの影響です。ネック裏の塗装や指板面の塗装の有無は、グリップ、スライドやチョーキン

33

グのしやすさに関わってきます。塗装を施す場合も、艶ありのグロス塗装なのか、サラサラ手触りのサテン塗装なのか、という違いによってフィーリングはかなり変わり、演奏やトーンに多大な影響を与えます。それゆえに**いろいろな塗装のネックを試して自分の好みを知っておくこと**は重要なのです。

ラッカーとポリウレタンどっちが良い？

　ラッカー、ポリウレタンは塗装の種類です。と言ってもそれらの中にもさまざまな種類がありますし、どちらが優れているということはありません。

　特に薄さや硬さが同じであれば、**そのサウンドの良し悪しを判断することは難しい**でしょう。ただし経年劣化や耐久性という点に対しては、ポリウレタンのほうに分があります。ポリウレタンのほうが、長い期間に渡ってガラスのような美しい塗膜をキープしやすいはずです。逆にラッカーは軟化しやすく、使用とともに艶もなくなりやすいという欠点があります。何十年という時間が経つと、ウェザークラックと呼ばれる細かなヒビも入りやすいです。ただしその経年劣化こそが魅力でもあり、「ヴィンテージ・ギターはヒビがカッコいい！塗装がハゲ落ちててもカッコいい！」という価値観も存在します。

ラッカーは、水分を通しやすく木材の経年劣化も促すと言われることもあるので、ヴィンテージ・マニアの人はラッカー塗装をチョイスしたほうが、幸せになりやすい傾向にあるはずです。

長年の仕様によりボロボロになったネック裏のラッカー塗装。好き嫌いが分かれるところかもしれませんが、筆者は大好物です。

重量

　材の重量によってトーンが変化することは前の項で述べました。ギター全体の重量も、出したい音や指向する音楽によってギターを選ぶ際の指針になるはずです。基本的には**重量が重いほど低音が豊か**になり、**軽量なほど低音が減少して高音域が目立つ**傾向があります。

　ただエレキ・ギター演奏ではアンプからの音がギター自体を震わせ、その振動がまたアンプからの音となる、いわゆるフィードバックという現象が起こります。これはコントロールできないピックアップなどのマイクロフォニック症状とは別で、**常に起こるべき健全な状態**です。その

フィードバックによって、必要十分な低音域、サンタナやジミ・ヘンドリクスが演奏したような**永遠に続けられるようなサスティーン、豊かな響く倍音成分**を得ることができるのです。

　音楽的でコントローラブル（調整可能）なフィードバックを得るには、ある程度軽量なギターの方が有利であり、ギター全体が共鳴するようにバランスがとられている必要があります。ネックだけが鳴ってボディが鳴らない、その逆も然りですが、そのようなバランスの良くない状態では、**パワーのあるサウンドは出力されません**。その目安は、やはり重量のバランスが重要になりますが、椅子に座って腿にギターを乗せて弾く時、ボディ・エンドが下がったり、ネックが下がったりするかどうか。この時にバランスが取れて演奏にストレスのないものは、プレイアビリティだけでなくサウンド面でもメリットがあり、全体的に重量が重めでも**バランスの良いトーン、心地よいフィードバック**が得られる傾向があります。

スケール

　仮に一見同じに見えるギターだとしても、そのネックのスケール（長さ：ナットからブリッジまでの弦長）は、実は各々のギターによってさまざまです。このス

ケールの違いは、音色においても、**アタックやサスティーンなどの違い**に関わってきます。

　弦長が長くなるに従ってテンション（弦の張力）がきつくなるため、**音の立ち上がりが良くてサスティーンが長い、瞬発力のあるサウンド**の傾向に近づきます。この点に関して比べるのであれば、ストラトとレス・ポールといった構造自体が異なるギターではなく、構造が近い同士となるフェンダーのジャズマスターとジャガーを比べてみると違いがわかりやすいでしょう（36ページ参照）。ジャズマスターのほうが**はっきりしたトーン**、ジャガーの音はそれに比べると**少し滲んだような雰囲気**があります。

　テンションが変わるということは、音色だけでなくプレイアビリティにも大きな影響があります。弦を曲げるチョーキングや弦振動を多様に揺らすハーモニクス系のテクニック、フレットの感覚が短いことによるフィンガリングのしやすさなどはミディアム、ショート・スケールに分がありそうです。逆にトーンの安定感やピッチの維持という点ではロング・スケール、エクストラ・ロング・スケールに分があるため、ピッチや音色が揺れやすい7弦以上の多弦ギターやダウン・チューニングにする際は、長めのスケールを選択するほうが音作りに有利になる傾向にあります。

スケール	インチ	ミリ	採用されている主なギター
レギュラー	25.5	647.7	ストラトキャスターなど
ミディアム	24.75	628.25	レス・ポールなど
ショート	24	609.6	ジャガーなど
エクストラ・ショート	22.5	571.6	デュオソニックなど
エクストラ・ロング	26.5	673.5	7弦ギターなど
その他	25	635	ポール・リード・スミスなど

ジャズマスターとジャガーを並べて比較したところ。スケールの違いは、一見してもかなり印象が違います。抱えてみると弾き心地も想像以上に違います（左 Jaguar　右 Jazzmaster）。

ピックアップの種類

　エレキ・ギターの心臓部とも言えるピックアップはシングルコイルやハムバッキング、さらにそれぞれに種類があり、多種多様です。このピックアップのセレクトで**大まかなサウンドの方向性は決定する**くらい重要な要素です。かなり乱暴に言ってしまえば、ネック材や重量は実際の所、ほぼ弾いている本人のフィーリングにしか影響を与えない微細な違いです（もちろん重要な要素です）。

　しかしピックアップの違いは、ギターを弾かない人でも**「音を聴いただけでわかる！」というレベル**の違いです。実際、録音時にアレンジャーやプロデューサーから「ロング・スケールのギターで！」とか「メイプル指板の音が欲しい！」とオーダーされることはほとんどないですが、**「シングルコイルで！」とか「レス・ポール（＝ハムバッカー・ピックアップで、という意味合いが多い）で！」などといったオーダー**は高い頻度で聞かれます。

　ここではその傾向を説明していきますが、まずは実際に「経験してみる」ことが大事です。単純に音がデカくなる、ノイズがなくなるとかではなく、これは**ギターの「声」そのものの話です**。そのピックアップが使われている音源をこれでもかと聴き込み、そのピックアップが載ったギターをこれでもかといろんな場面で弾き込む……そこで初めて**それぞれのサウンドを理解できるはず**です。

シングルコイル・ピックアップ VS ハムバッキング・ピックアップ

　一般的にシングルコイル・ピックアップは、**高域特性に優れワイド・レンジ、低出力でノイズが出やすいピックアップ**です。**歯切れのよいトーン**なので、リズミックな演奏やピッキングのニュアンスを生かした演奏に最適です。

　ハムバッキング・ピックアップは、**中〜低域特性に優れ高出力、ロー・ノイズ**なピックアップです。パワフルなトーンなので、**クリーンではジャジィでジェントルな甘いサウンド、歪ませれば野太いディストーション**が得やすく、伸びのあるロックなリード・トーンにも最適です。

コイルが2つのハムバッカー・ピックアップ

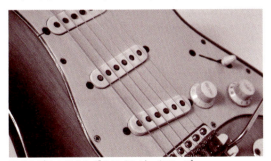
コイルが1つのシングルコイルピックアップ

🔊 音で確認！耳で納得！
Track11 ジャガー ※ピックアップの音の違い
一聴してストラトに比べて音が太いのがわかります。ギターの構造上、やはりサスティンは短くなっています。意外に激しい音楽に使われたのも、深く歪ませつつ切れ味を出せるこの音がフィットしたからでしょう。

ヨークと呼ばれるギザギザの金属板がピックアップに装着され、磁界を整えています。サスティーンが抑えられた独特のアタック感は、このヨークによるところが大きいように感じます。

1965年製 Fender Jaguar：オフセット・ウエストのボディとショート・スケール・ネックが特徴。フローティング・トレモロ・ユニットと相まって、やや濁り暴れるサウンドがサーフやガレージ、シューゲイザーのジャンルで受け入れられたポイントでしょう。

🔊 音で確認！耳で納得！

Track12 ジャズマスター
※ピックアップの音の違い

ストラトに比べて音色の振れ幅があり、全体的にリッチなサウンド。ピックアップ自体の構造、そしてピックアップの配置の特性でしょう。ボディ形状の近いジャガーほどサスティーンがないわけではないので使いやすく、現代でも人気があるのもうなずけます。

ジャズマスター専用のピックアップ。構造は通常のシングルコイルと同じですがラージ・サイズで、低域が豊か。ジャズ向けに開発されたのも納得です。ただシャープなハイ・エンドも存在感があり、ミックス・ポジションのスピード感と歯切れの良さはテレキャスターを凌ぐほど。

1963年製 Fender Jazzmaster：持ってみると想像以上に大きく感じるボディ＋ネック。この大きさが音色に与える影響は大きく、安定感のあるレンジの広い音は現代のロック・シーンでも人気があります。

🔊 音で確認！耳で納得！

Track13 P-90
※ピックアップの音の違い

個人的には個体差を強く感じるピックアップで、なかなか「こう」と言えないところがありますが、P-90の美味しいところは濃密なハイミッドだと感じています。

シングルコイル・ピックアップの一種ですが、フェンダー系（ポールピース自体がマグネット）と違い、マグネットをベース（基盤）としており、広い磁界を持っています。トーンもふくよか（ロー・ミッドの充実）で、よくシングルコイルとハムバッカーの中間的サウンドと形容されます。パワフルなハムバッカーのように音が潰れることもなく通常のシングルコイルほどシャープにならず、ギターを弾きながら歌うヴォーカリストにも人気があります。

Gibson Custom Les Paul 1956：P-90+チューン・オー・マチック・ブリッジを装備した1956年製 Les Paul のリシュー・モデル。なぜか太すぎる丸太ネック（オリジナルはこんなに太くないと思う……）ですが、太い音が気に入っています。やはりネックが太くなると音の揺れが少なくなり、安定する傾向にありそうですね。経験上、細い（薄い）ネックはロックン・ロール・トーン、太い（厚い）ネックはジャズ・トーンなイメージです。

Track14 フィルタートロン
※ピックアップの音の違い

ピックアップ単体で聴いても、なぜかミックス・ポジションのような雰囲気があります。ハムですがレンジの広さがあり、ピッキングのニュアンスが出やすいです。

フィルタートロン・ピックアップは構造上はハムバッカーですが、いわゆるハムバッカーではない独特の音が特徴的です。パリッとした高音域からヌケの良いミドルをピークにしつつもレンジの広い音色で、クランチでは特に歯切れのよい素晴らしいトーンです。

1960年製 Gretsch 6120：フルアコながらトップとバックを橘の形状に加工した木材で繋いだトレッスル・ブレイシングとビグスビー・ユニットによりアタックがぼやけない仕様。ブライアン・セッツァーの使用（1959年製など）が有名で、近い年代のものはまさにあのロックンロール・サウンドに「ドンズバ」でハマります。

Track15 ミニハムバッカー
※ピックアップの音の違い

まさにもたつかず使いやすいハムバッカーという感じ。特にフロントが甘すぎないのが好印象です。

ハムバッカーを小型にした形状で、P-90のキャビティに無理やり詰め込まれた感もありますが、通常のハムバッカーよりシャープで歯切れのよいトーンは独自の魅力があります。P-90と比較するとノイズも少なく艶のあるトーンはあらゆる場面で使いやすく、もっと評価されても良いピックアップだと感じます。

Collings 360：レス・ポールを変形させたシングル・カッタウェイ。ミニハムバッカー搭載の70年代のレス・ポールは重い個体が多い印象ですが（4.5kgとか！中には5kgを超える個体も）、これは3.5kg前後。アコースティック・ギターで有名なCollings製、流石にエレキでも響きが素晴らしいです。

使用マグネット：
アルニコ VS セラミック

　電磁石であるピックアップに使用される磁石にも種類があり、一般的なのは大きく分けてアルニコとセラミックの2種類です。アルニコは**オーソドックス系**、セラミックは**モダン系**、といったように基本的なサウンドの傾向をとらえることができると思います。

　アルニコは末尾にⅡ、Ⅲ、Ⅳ、Ⅴ、Ⅷなどとローマ数字がつき、それぞれ磁力やサウンド・キャラクターに違いがあります。その違いをアルニコ使用ピックアップの出力順で記した場合、**Ⅲ＜Ⅱ＜Ⅳ＜Ⅴ＜Ⅷ**のような傾向にあり、一般的には、**より枯れたヴィンテージ・サウンドを求めるなら出力の低いほう、モダンなハイゲインのディストーションを得たければ出力の高いほう**の選択をお勧めすることになるかと思います。

パッシブ VS アクティブ

　一般的なギター・ピックアップ（パッシブ）においては、出力を稼ぐためには巻いてあるコイルのターン数を増やす必要があるのですが、その結果としてノイズが増えたり、高域が減衰したりする問題が生じます。

　しかしコイルのターン数増加ではなく、電気的な回路（主にバッテリーを使用）によって出力を増幅すれば、低ノイズ・高音質・高出力なピックアップを作り出すことができます。これがアクティブ・ピックアップです。ゲインを稼ぎつつロー・ノイズなサウンドを目指す場面……例えば**メタル系のヘヴィなサウンドを得たい場合**には打ってつけのセレクトとなるでしょう。圧倒的な外来ノイズに対する耐性は、さまざまな状況、多様な現場に対応しなければならないシビアなプロの世界でも重宝されます。

　ただし増幅回路であるプリアンプによる**避けがたい音色の味付け**にクセを感じたり、総じて出力の高いモデルが多いために**ヴィンテージ・サウンドを求める場合には音作りがしにくい**などのデメリットも理解しておくべきでしょう。

高出力 VS 低出力

　ローノイズでゲインを稼ぎやすいアンプやエフェクターが簡単に手に入る現在では、ピックアップの「出力」は要素として気にしすぎる必要はなさそうです。ただしピックアップの構造上、**高出力なものは高域が落ち、低出力なものは高域が伸びる**傾向は大いにあります。

　そのことを考慮しつつ、自身の演奏タッチや手持ちの機材のゲイン調整幅、自身が感じるスウィートスポットなど、複

数のポイントを踏まえながら、複合的に好みを探ると面白いと思います。ピックアップの出力は直流抵抗値（※）を目安に判断することができるので、製品のスペックに抵抗値の表記があれば参考にしましょう。

※直流抵抗値はワイヤーの径やコイルのターン数の目安になる値。直流抵抗値が高ければワイヤーの径が細く、コイルのターン数が多くなり、ピックアップの出力も大きくなる傾向と言える。

ピックアップの位置

ピックアップの種類には注目しやすいですが、実は見落としやすい選択ポイントとして「**ピックアップの取り付け位置**」があります。例えばフロント＆センター＆リアにピックアップが載ったストラトを基準とした場合、「このストラトはリアとフロントにハムが付いてるなぁ。普通に便利そう」「おー、これはリアにシングル1発だけか。潔い」「え！センター1発のP-90！ まじか！ ES-225みたいな音かしら……」とか、搭載位置と種類によってサウンドを想像したり使い分けるのは、まぁ普通によくあることです。

しかしさらに微妙な違い、例えば「同じフルアコでもES-175とL-5ではフロント・ピックアップの位置が違う」「ポール・リード・スミスの22フレット仕様と24フレット仕様ではフロント・ピックアップの位置が少し違うのは当然として、実はそのどちらもがレス・ポールのフロント・ピックアップ位置とも、また微妙に違う」などなど、ひと口に「フロント」と言っても、メーカーやモデルによって、載せられた位置が違うという発見もあります。

スケール（弦長）とピックアップの位置の兼ね合いでサウンドはけっこう変化するので、それも楽器を選ぶ際のチェック・ポイントとして注意しておくと良いかもしれません。

同ブランド同系統のモデルでも、並べてよく見るとフロント・ピックアップの位置がこれほどまでに違う……。もちろん音も全然違います！（左 Gibson ES-175　右 Gibson L-4CES）

ブリッジ

ブリッジは常に弦に触れて振動を受け止めるパーツであるため、**サウンドやタッチにも大きな影響を及ぼします**。トレモロ・アームを操作することで音程変化をつけられるトレモロ・ユニットの装備の有無が「音の傾向」の大きな分かれ目になりそうです。

トレモロ・ユニット無しが基本のレス・ポールなどを代表とするストップ・バー・タイプ、チューン・オー・マチック＆テイルピースの組み合わせで弦を固定するタイプは、ボディに伝わる弦振動のロスが少ないために**響きや発音がタイトとなりピュアなサウンド**傾向です。

逆にシンクロナイズド・トレモロ、ビグスビー・トレモロ、フロイド・ローズなどのロック式トレモロなどはバネの共振や長い弦長（スケールの話ではなく、ブリッジ〜ナット外の弦部分の長さ……例えばシンクロナイズド・トレモロのブロックやビグスビーのユニットまでを含めるので、長くなる傾向にある）によるテンションの低下などによって複雑な振動になりやすく、**アタックやサスティーンにロスが生まれ**、その結果として**サウンドに個性が生まれます**。

このトレモロ・ブリッジによる音色の変化はかなり強力なので、例えばシンクロナイズド・トレモロを搭載したギターのような音が欲しければ……素直にシンクロナイズド・トレモロを搭載したギターを選ぶのが得策でしょう。

ペグ

ペグ（糸巻き）はチューニングの精度に関わる非常に重要なパーツです。チューニングがスムーズにできて、くるいもないギターは、演奏に集中できてパフォーマンスも上がります。

ペグでは、回す際の遊びの量、ギャ比や滑らかさが重要な要素で、そこを最も重要視する必要があります。ただしブリッジ同様、弦の振動を受け止める部分でもあり、音色に対する影響も少なからずあります。ヴィンテージ・ギターやポール・リード・スミスなどが、ペグで弦を止める棒部分（ポスト）の材質に響きの良いブラスを使用しているのも、この影響を考えてのことでしょう。

ペグは、その種類の違いで思いの外、重量に差が出る点にも注目です。重いものは**サスティーンが増してサウンドがピュア**に、そして軽いものは**トーンが明るくなり音色の複雑性が増す**傾向にあります。

フレット

　フレットも、プレイアビリティやサウンドの面で影響度はとても高いパーツです。特に形状と材質が選択の際に重要になります。

　形状は演奏性に大きく影響するため、高さと幅に注目して自身の演奏スタイルで選択すると良いでしょう。特に高さは重要で、高ければ指板と指が触れにくくなり、チョーキングやハンマリング、プリングなどのテクニックがしやすい反面、押弦によるピッチ・キープはシビアになります。スライド時は指がフレットに引っかかる感じがあるかもしれません（背が高くても幅が広いとスライド時も引っかかりにくい傾向です）。低ければチョーキングやハンマリング、プリングはやや難しくなりますが、ピッチのキープが楽でスライドもスムーズです。

　フレットの材質はサウンドにも影響します。硬さと重さ、響き、耐久性を考慮して選択しましょう。音色の傾向は一概に言えませんが、**打ち込む前のフレット同士を軽く当ててカチカチと鳴らす**と、その傾向がつかめます。例えば筆者は硬く、軽く、響きも良い耐久性の良いステンレス・フレット（Freedom Custom Guitar Research 製 SP-SF-05S）を好んで使っています。特に**サウンド面で重量は重要で、軽いものは「木材の響きを引き出す」、重いものは「フレットの音」が強く出る**イメージです。一口にステンレス・フレットといっても、硬さや重さ、音はブランドによって全然違うのですから、面白いやら怖いやらですね（笑）。

　耐久性も重要視しましょう。通常フレットの頂点はきれいな山形を描いていますが、演奏を続けて摩耗すると角ばった台形のような形状になります。こうなると弦に触れる部分が増えてピッチが甘くなりますし、角ばった部分はスライド時に指に引っかかるでしょう。その場合はフレットのリファインやフレット交換をリペアショップにオーダーすることで改善できますが、コストも時間もかかるため大変です。

　その点ステンレス・フレットはほとんど摩耗・腐食しない（力強く押さえる傾向の筆者が5〜6年メインでガシガシ使ってちょっと削れたかな？どうかな？って感じ）ので、とても重宝します。

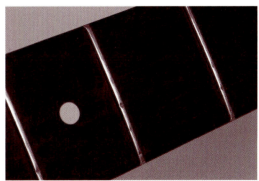
すり減って凹んでしまったフレット。ピッチやサウンドに悪影響が出始める

弦の種類

弦は音の発生源です。その種類を変えることで、プレイアビリティ、**サウンドの印象をガラッと変える**ことができます。

素材
・ニッケル弦
古くから幅広く使われている最もポピュラーな素材です。コスト的なメリットもあるので、特に不満がなければ、これを選択すればOK。

・ステンレス弦
硬く耐腐食性があるステンレスが使われています。音色はニッケルに比べると**シャープでハリがあります**。

・コーティング弦
手汗、ゴミや錆による音質劣化を防ぐ処理が弦の表面に施されています。その処理により**張りたての時点で多少こなれた音色になる**傾向がありますが、長時間その音が安定的に継続することからプロの現場でも愛用者が多い弦です。価格面ではやや割高。

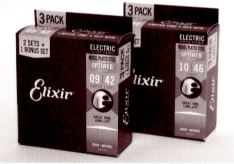

筆者の使用しているコーティング弦、Elixir Optiweb。たまにこうして安価にパック販売されるので、ここぞとまとめ買いをしています（コーティング弦は保存も効く！）。

ワウンド
・ラウンド・ワウンド
巻き弦の表面に凹凸がある一般的なタイプの弦（巻線の断面は円）。**サスティーン、倍音があって明るい音色**。

・フラット・ワウンド

巻き弦の表面が平らな弦（巻線の断面は四角形）。**サスティーンが短く、マットなサウンド**。独特の甘いサウンドはジャズ・ギターに用いられることが多いです。通常のエレキ弦とは異なり、アコースティック・ギターのように3弦が巻き弦になっている場合がほとんど。ラウンド・ワウンドとフラット・ワウンドの中間のハーフ・ラウンドというタイプもあります。

フラット・ワウンド弦の表面。
ツルツルとしており、フィンガリングもなめらかです。

太さ（ゲージ）
・.009 ～ .042

一般的な太さで、現代のエレキ・ギター奏法にマッチした感触が得られます。比較的テンションは緩めのため、テンションがキツめのギターやロング・スケールのギターに合わせることが多いでしょう。音は**ブライトになりやすいです**。

・.010 ～ .046

.009 ～ .042同様、一般的な太さで、さまざまなジャンルでバランスの良い感触が得られます。.009 ～ .042と比べるとテンションがキツめなので、強めのピッキングに対しても破綻することなく受け止めてくれやすいでしょう。テンションが緩めのギターやミディアム・ショート・スケールのギターに合わせることが多いです。**木部を鳴らしやすく、音にコシが出やすい**です。

・ハイブリッド

高音部を細めの弦、低音部は太めの弦でまとめたゲージ・セット。高音部はさまざまなテクニック使用時にストレスがなく、低音部はハードにピッキングしたい時などに用いられます。

・ヘヴィ

特にロー・チューニング時のテンション低下によるレスポンスの減少、ピッチの揺れなどに対応するために全体的に太いゲージにまとめられたセット。元々のナットやブリッジの溝に対して弦が太すぎる場合があるので、試す場合はまずチェックしてみて、場合によってはリペアが必要となります。

「音作り」のために知っておきたいアコースティック・ギターの基礎知識

　アコースティック・ギターはエレキ・ギターと比較すると、構造としてはより原始的です。アンプ・エフェクターを使用せず、ギター単体での演奏が基本となるため、サウンドを構成する要素も少なくなりますが、それゆえに音色の違いは大きく出やすく、より奥深い世界があります。

使用する弦の違い

・フォーク・ギター（スティール弦）

ポップスやロックの場合、一般的に「アコースティック・ギター」と呼ぶ場合は、このフォーク・ギターを指すことが多いです。金属製の弦が張られ、**きらびやかなサウンド**が特徴です。エレキよりもやや幅広、太めのネックで、14フレットの位置でボディとネックが接合されていることが多いタイプです。

・クラシック・ギター（ナイロン弦）

ナイロン製の弦を使用、**甘いふくよかなサウンド**が特徴。ガット・ギターとも呼ばれます。エレキ、さらにフォーク・ギターと比べても、かなり幅広のネックが特徴的で、**普段エレキ・ギターを弾く人がスムーズに演奏するにはやや慣れが必要です**。モデルによってもかなりの差があるので、エレキなどとの持ち替えが多い場合は、そこを考慮して、ストレスの少ない仕様のネックを選ぶと良いでしょう。12フレット位置でボディとネックが接合されていることが多いです。

HISTORY NT-SC：日本製のエレアコ・モデル。一般的にギタリストが初めてアコギを選ぼうとするとバランスの取れた（丈夫で大きすぎず小さすぎず、ライブでもレコーディングでもOKな）このようなモデルになることが多いように思い、参考に取り上げました。正直、生鳴りはビンテージなどには及びませんが、あらゆる環境に対応する必要があるライブ・ツアーではメインで活躍中です。

🔊 音で確認！耳で納得！
Track16 スティール弦

RAIMUNDO 660E：スペイン製ガット・ギター。クラシック・ギター系でポピュラーなシダー・トップはスプルースに比べ、経年を待たずに鳴りやすい傾向があり、人気があります。

🔊 音で確認！耳で納得！
Track17 ガット弦

47

形状、サイズ

・小さい

　抱えやすく取り回しが良く、大柄な体格でなければ右手の位置の自由度が高くなり、プレイアビリティには想像以上のメリットがあります。**低音がやや少なくレスポンスが良い**ので、レコーディング時の**マイク乗りは良い**です。代表的なモデルはマーティン社のトリプル・オー（oooシリーズ）やギブソン社のLGなど。クラシック・ギターではトーレス・モデルが代表的です。これ以上小型になると、**どんどん低域がなくなる傾向が進む**ので、一般的なアコースティック・ギターの音からは離れていきます。

・大きい

　生音でのボリューム感、豊かな低音の響きは、多少の取り回しの悪さを差し置いても魅力的です。大きく抱えてブリッジ近くをストロークすれば、**カントリー＆ウエスタンらしさのあるサウンド**が鳴り、**このサイズ感でしか出せない音色**を持っていることに気づくでしょう。代表的なモデルはマーティン社のドレッドノート（Dシリーズ）やギブソン社のジャンボ・タイプ（J-45、50）などです。

Collings OM-2H：やや小ぶりなオーディトリアム・サイズ。ややフォーカスされた音域はアンサンブルの中で抜けが良く、レコーディング時に採用されやすい。

🔊 音で確認！耳で納得！
Track18 オーディトリアム

Collings CW-28：やや大きめのドレッドノート・サイズ。レンジの広いサウンドでアルペジオからストロークまできらびやかに曲を包み込むサウンドが持ち味。

🔊 音で確認！耳で納得！
Track19 ドレッドノート

材質

・スプルース

　アコースティック・ギターの代表的なトップ材です。軽く柔らかめの素材で、**レスポンスが良く、音量も大きめ**です。**いわゆる多くの人が想像する一般的なアコースティック・ギターの音が欲しければ、スプルース一択でしょう。他のトップ材としては、より柔らかいサウンドのシダー、硬めの傾向があるメイプル、コア**なども使用されます。

・ローズウッド

　マーティン系、クラシック・ギターなどのバック材＆サイド材として多く用いられます。**硬質で低音の再生に有利な材**です。ヴィンテージ・ギターなどに使用される密度あるハカランダ（ローズウッド）などの場合は、**より金属的な響き**となり、**サウンドのレンジを広く感じさせる傾向**が強くなります。

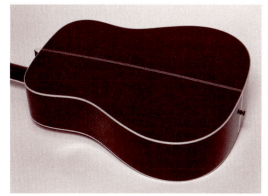

やや硬質で金属的なアタックと響きが特徴のローズ・サイド＆バック。

・マホガニー

　ギブソン系のアコースティック・ギターのバック材＆サイド材に多く用いられます。ローズウッドなどに比べると、**より素朴でウッディな印象**です。トップ材としても利用されますが、その場合は**さらにブルージィな印象**が強くなりますね。

ローズに比べウッディで柔らかいサウンドのマホガニー・サイド＆バック。

単板 vs 合板

これはギターのトップ（表面）、サイド（横面）、バック（裏面）、それぞれの板の話で、「単板」とは木を削り出した無垢の状態のものを指します。対して「合板」は複数の板を貼り合わせたベニヤ（ただし本来英語圏では単板をベニヤと呼び、合板をプライウッドと呼ぶので注意）の状態のものを指します。やはり音質を優先した「純粋な楽器」として考えた場合、**単板のほうが鳴りやすく**強みもあるのですが「過酷な状況に対応するライブギア」として考えた場合、対応力が優る合板のメリットは魅力的です。**鳴りを抑えた合板のボディ**は、ライブの状況によっては**ハウリングを起こしにくく**、バックステージでも運搬中の湿度や温度の変化による割れなどを起こしにくいため、安心してツアーに連れていくことができます。使用する環境によって参考にすべきポイントでしょう。

ブレイシング

ブレイシングとは、力木（ちからぎ）とも呼ばれるパーツで、トップ板の裏に張ってある補強の骨組みです。アコースティック・ギターはトップが振動することによって音が出ます。つまりこのブレイシングによって**トップの振動の傾向が変わる**のです。

・Xブレイシング

現在アコースティック・ギターに採用されているブレイシングのパターンは、ほとんどが「Xブレイシング」と呼ばれるもので、サウンドホール（トップに空いている穴）の下で2本の力木が交わって「X」を描くように設置されています。マーティンが考案したものがベースとなった方式で、強度と響きを両立した万能なブレイシングです。

・ラダー・ブレイシング

ラダー（はしご）状のブレイシングです。サウンドホールの上部（ネック側）に1本、下部からボディ・エンドの間に計3本、ハシゴのように横に力木が設置されているシンプルなブレイシングです。ギブソンのスモール・ボディの廉価版 LG-1、LG-0 などに採用されていました。特徴は良くも悪くも**チープで渋い響き**です。

・スキャロップ・ブレイシング VS ノンスキャロップ・ブレイシング

スキャロップとはブレイシング材を波上に削ることで、よりトップを振動させやすくしている加工です。これによるサウンドの変化は明確で、スキャロップは**レスポンスが良く繊細なタッチへの追随性**が抜群、対してノンスキャロップは**よりパワフルで硬質なサウンド**に傾きます。

マーティンであれば1944年あたり、ギブソンであれば1955年あたりを境にスキャロップからノンスキャロップへ移行しますが、これは当時のヘヴィ・ゲージ弦流行の対策としてトップ板を強化するための変化だと推測されます。

🔊 音で確認！耳で納得！

**Track20
スキャロップ**

1951年製 Gibson J-45：スキャロップ・ブレーシングにより、とても鳴りやすく、包み込むような低音とともに迫力のある音量感が凄まじいギター。爆鳴りというのはこういうことか……と思わせるレスポンス。

🔊 音で確認！耳で納得！

**Track21
ノンスキャロップ**

1961年製 Gibson J-45：ノンスキャロップ・ブレーシングを採用し、ガリンガリンととてもアタッキーに力強く鳴るギター。ロック、ファンク系のカッティングはこれでないと！と思わせる説得力のあるサウンド。

重量

経験上、アコースティック・ギターに関しては**軽いほうが圧倒的に「鳴る」**フィーリングがあります。軽いものこそ正義！……とまでは言いませんが、演奏に無駄な力が必要でなく、リラックスした状態で**音楽的なサウンド**がいつでも出せるため、タッチを少し変えるだけで**サウンドにカラフルさを加える**ことができます。ただし軽いだけでなく、作りや強度がしっかりと確保されている必要があるのは言うまでもありません。

1944年、戦中に製作されたヴィンテージのマーティン000-28のエボニー・ロッドの個体（戦中なので通常の鉄製のロッドが省略されていた。）を弾いてみたところ、**羽のように軽く信じられないような音量**が飛び出しました。

他に印象に残っているものだとコリングスの工房で製作されたウォータールー、クラシック・ギターではアントニオ・デ・トーレスの工法を踏襲した小型のモデルなどは、総じて**音が飛び出しやすくとても良いレスポンス**を持っています。

エレアコ、エレガットとは

ライブハウスなどで一般的なアコースティック・ギターを使ってライブ演奏する場合、音を大きくして（PAで音を増幅して）客席に届けるため、ギターに向けてマイクを立てて集音する必要があります。ただしその場合は、演奏中に動けない、他の楽器の音までマイクが拾ってしまう、ハウる……などの制約があるため、実は実際の現場ではあまり好まれない方法です。

そこで何が好まれるかというと、アコースティック・ギター自体に**マイクやピックアップを組み込んだ**、エレクトリック・アコースティック・ギター（略してエレアコなどと呼ばれます。ガット・ギターの場合はエレガット）を使います。その仕様によって、エレキ・ギターのような感覚で演奏することが可能となりました。

ただし一口にエレアコ、エレガットといっても、マイクやピックアップの選択によって音や演奏性がガラッと変わってしまうため、それぞれの特色や傾向を把握しておくと良いでしょう。

ピックアップの種類

・ピエゾ

圧縮素子を利用したピックアップで、大抵はブリッジ下部に表からは見えない状態で設置されています。**ワイドレンジで立ち上がりの速い、硬質で芯のあるサウンド**が特徴的。

ピッキングに対する反応の仕方は生音の状態と近い点もありますが（トップ面に対して垂直方向に圧力をかけるようにピッキングすると大きなサウンドが得られる……など）、**アタックがはっきりしている分、サスティーンが短くなったり**、やはり「**生音とピエゾの音は別モノ**」ととらえて研究する必要があるでしょう。

例えば「練習時は生音」「本番はピエゾ」でやってみた場合、かなりの違和感とともに本番を終えることとなるはずです。ですので練習時からプラグイン環境（ピエゾで鳴らせる環境）にしておいて、ピエゾで弾く場合の振る舞い方を習得しておけば、納得のいく演奏がしやすいでしょう。

🔊 音 で 確 認 ！ 耳 で 納 得 ！

Track22 ピエゾ

FISHMAN MATRIX INFINITY のサウンド。いくつか試した中でも癖のないドライなサウンドで、筆者も使いやすく気に入って使用しているモデルです。

・マグネティック・マイク

　エレクトリック・ギターと同じ方法で音を拾うことができるピックアップです。そのため、エレキ・ギタリストがアコースティック・ギターに持ち替えた場合でも違和感が少なく、他のピックアップよりも早くタッチを適応させることができるでしょう。音色はやはり**エレキに近くなってしまう傾向**があるので、そこを懸念するギタリストなどは他のタイプのピックアップとミックスするようなシステムを構築しています。

🔊 音で確認！耳で納得！

Track23 マグネティック・マイク
電池を使用しないパッシブ・タイプのL.R.BaggsのM1。今回は比較のため無加工で収録しているので、ピエゾと比較するとややおとなしいサウンドに聴こえますが、EQでレンジを広げるように調整してやることで使いやすいアコースティック・サウンドが得られます。

左は Fishman Rare Earth Sungle coil。右は L.R.Baggs の M1。本書の音源の録音では M1 を使用。

・コンデンサー・マイク

　サウンドホール内、もしくは DPA マイクロフォンのようにアコギの外側にコンデンサー・マイクを設置して集音する方法は**ナチュラルなギター・サウンドを得る方法**としては最適かもしれません。うまく設置できれば多少ギターを動かしても問題なく、ワイドレンジなアコギ・サウンドをまんべんなく拾い、細やかなニュアンスを再現できます。

　ただし取り回しは良くなりますが、**余分な音を拾う**、ハウリングを起こしやすいというセンシティブな問題はつきまといます。こちらもマグネティック同様、他の種類のピックアップとの組み合わせで欠点を補い、システムの一部として取り入れるケースが多いようです。

🔊 音で確認！耳で納得！

Track24 コンデンサー・マイク
IK Multimedia の iRig Acoustic Stage でのナチュラルなマイク・サウンド。

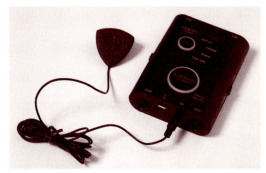

IK Multimedia の iRig Acoustic Stage はサウンドホールに引っかけるようにして手軽に装着できるコンデンサー・マイク。

12弦ギターとは？

6本の主弦に6本の副弦を張ったギターで、弦の本数は全12本となり、通常のギターに比べて**きらびやかで広がるうねりのあるサウンド**が特徴的です。1弦と2弦は同じ弦を同じ音程（ユニゾン）に、3弦〜6弦には主弦よりも細い弦を張り、1オクターブ上（オクターブ・ユニゾン）にチューニングします。副弦は主弦と近い間隔で張られているため、2本ずつをまとめて1本の指で押さえられ、通常のギターと近い感覚で演奏可能です。

イーグルスの「Hotel California」やレッド・ツェッペリンの「Over the Hills and Far Away」などで聴かれるサウンドは、やはり独特の世界観（これぞ70年代！というサウンド）で他では得難いものです。ただし使用頻度を考えるとなかなか手に入れるのも勇気がいる代物……そういう場合にはレコーディングのシチュエーション限定の裏技として、副弦の部分だけを張った6弦ギターを用意して通常のギター演奏とダブリングして録音、**疑似12弦サウンド**を出すという方法もあります。

🔊 音で確認！耳で納得！
Track25 12弦ギター ※写真のギター
コーラスをかけたようなきらびやかな12弦サウンド。

1972年製 Martin D12-20：アコースティック・ギターの中でも番外編として意外に登場が多いのが12弦ギターです。これはエリック・クラプトンが1992年にアンプラグド・ライブで演奏しているギターと同モデルで、皆さんも聴いたことがあるサウンドかも。

「音作り」のために知っておきたい楽器セッティングの基礎知識

ネックの状態

　ネックはギターにとって最も重要な箇所だと言えるかもしれません。**弦振動**を生かすも殺すも、このネックにかかっています。

　ギターのネックには多くの場合「トラス・ロッド」というパーツが仕込まれており、それを調整することでネックの「反り」の状態を変えることができます。

　ネックを弓矢の弓のようにとらえると、弓の反り具合で弦の張力、振動が変わることがイメージできると思いますが、ネックの反りも同様です。ここの調整によって自身のプレイ・スタイルに最適な状態が得られるということを知りましょう。

・**順反り**　**音色がクリア**／弦高が高くなり、押さえづらくなる／右手へのレスポンスは柔らかめ／ピッチが甘くなる

・**やや順反り**　**音色がクリア（鳴る感じがある）**／弦高がやや高くなる／右手へのレスポンスに適度な幅がある（ピッキング・ポイントを変えつつ、タッチを調整しやすい）／ピッチがやや甘くなる

・**真っ直ぐ**　**音色にほんの少しバズが混入しはじめる**／弦高が低くなり押さえやすくなる／右手のレスポンスはやや固めになり、楽器の精度によっては強くピッキングすることがためらわれだす（バズが出るため）／ピッチが合わせやすい

・**逆反り**　**音色にバズが多く混入する**／弦高が低くなりペタペタ状態／右手のレスポンスは固めになり、かなり弱いピッキングが求められる（バズが出るため）／ピッチがやや甘くなる

フレットの状態

フレットの項でも述べましたが、通常フレットは使用するごとに摩耗して形状が変化します。新品の状態ではフレットの頂点が滑らかなので弦とフレットは点で接触していますが、頂点が摩耗すると弦に対して接触する面積が増えるために**サウンドやピッチが明瞭でなくなってきます。**

またよく使用する箇所だけ摩耗することによってフレットの高さがばらつき、ネックの状態には問題がなくても**ビビリが発生しやすくなります。**フレットのリファインや打ち替えのタイミングは人によりますが、著者の場合は少し摩耗しただけでも気になるので（それが古びた感じの「味」になることもありますが）、メインの楽器は摩耗の少ないステンレス・フレットにしています。

ピックアップの高さ

ピックアップから弦までの距離を調整することにより、**出力されるサウンドは変化します。**

ピックアップを弦に近づければ音量が上がり、**レンジが広く明瞭なサウンド**でピッキングのタッチも反映しやすくなります。逆にピックアップを遠ざければ音量は下がり、**レンジが狭く音像がぼやけ**る傾向へと変化します。

ただし近づければ良いかといえばそうではなく、近づけ過ぎればピックアップ自体の磁力で弦を引っぱってしまうことになり、スムーズな弦振動が妨げられるためにピッチが不安定になったり**サスティーンが減少したり**と悪影響が出てしまいます（**特にポールピース自体が磁石になっているシングルコイルピックアップの場合に顕著**）。

これらの変化はピックアップのポジション（リア、フロントなど）によっても変化するため、その要素も併せて調整する必要があります。例えばブリッジに近いリア・ピックアップは弦振動のエネルギーを拾いにくく、**高めに設定しないと音量を稼ぐことができません。**リアのポジションでは磁力が弦全体の振動に与える影響も少ないため、ある程度近づけた場合でも悪影響は少ないのです。

逆にフロント・ピックアップは**音量を稼ぎやすく弦振動にも影響しやすいた**め、通常はリアよりも下げ目にセットする傾向があります。

弦高

弦高とはフレットの頂点から弦がフレットに触れる箇所までの距離（通常12f位置を調整の参考にする）を指します。弦高はプレイアビリティ（演奏性）に非常

に影響を与えるため、必然的に**サウンドの傾向にも深く影響してしまいます**。

例えば筆者は、右手ピッキングの強弱や**楽器自体の鳴りを生かしたい**、またはカッティング時の左手のミュートのオンオフをタイトにしたいなどの場合は弦高を高め（6弦側1.8〜2mm／1弦側1.5〜1.8mm。弦振動の振幅を考えて太い弦ほど弦高を高く設定するのがセオリー）にしています。

そして左手のレガートを多用して速いパッセージを弾きたい、またはネックやフレットの状態が万全でバズが起こりにくいなどの場合は弦高を低め（6弦側1.5〜1.6mm 1弦側1.3〜1.4mm）に設定しています。

アコギの場合は、楽器の状態によりけりですが、スティール弦なら6弦側2.5〜2.1mm／1弦側1.9〜1.6mmです。

ガット弦なら6弦側3mm／1弦側2.5mmを目指すようにサドルを削って弦高を調整します。

どちらもサドルはリペアマンに作ってもらっています（高さの違うサドルを何種類か用意しておくとその都度微調整ができて便利です）。

これらの数値を目安・参考にしつつ、自身のセッティングを探ってください。

・弦高が高め

弦の張りが強くなる（チョーキングしにくく感じる）／押弦時に力が必要（ハンマリングなども音が出にくくなる）／**バズが出にくくクリアなサウンド**／ネックへの負担が大きい（反りにつながる）

・弦高が低め

弦の張りが弱くなる（チョーキングしやすく感じる）／押弦時に力がいらない（ハンマリングなども音が出やすい）／バズが出やすくピッキングの強弱に注意が必要／ネックへの負担が少ない（逆反りにならないよう注意）

弦の状態

たまにサビサビの劣化した弦をしぶとく使っている人を見かけますが、「ねらって」その状態を維持しているのでなければ、サウンド、プレイアビリティ、ギターや指への負担などを考えた時、デメリットしかありません。

劣化した弦のサウンドは**高域成分が減少**してピッチも不安定になり、**音作りの面で非常にコントロールが難しい状態**になります。なくなってしまった高域を出すためにピッキングが強くなりすぎたり、ピッチを安定させるために押弦のコントロールにシビアになる……など、無意識のうちに演奏に不必要なストレスを感じるはずです。ギタリストたるもの、劣化した弦は「汚れた下着」くらい恥ずかしいものだと認識して、常にフレッ

シュな状態をキープしましょう。

弦の張り方

ペグ・ポストへの巻きつけ方はさまざまな方法がありますが、遊びがなくしっかり固定さえできれば、どんな方法でもかまいません。しかし以下の3点に関しては注意しながら作業しましょう。

・弦に負担をかけない

弦を巻く際には、できるだけ「ねじれ」がないように気を配りましょう。ねじれた状態で巻いてしまうとチューニング後にピッチが安定しにくくなります。

また**作業中に弦が折れ曲がってしまったら、諦めて新しい弦を使いましょう**。悲しいことですが……ただしこれもきれいな弦振動、ピッチを安定させるためです。もし心まで折れてしまったら、それは大切な人に慰めてもらいましょう。

・ペグに巻きつける回数

巻けば巻くほどチューニングが安定する……わけではありません。何事も過ぎたるは及ばざるがごとしです。基本的に2～3周ペグに巻けばしっかりロックされるはずです（もしそうでなければ巻き方を改善する必要がありそうです）。

それ以上巻くと……巻き回数の増加によってナットへの圧力やナットからの角度が変わるため、プレイアビリティ、サウンドに多少の影響が出ます。

調整されたナットであれば、巻き数によって圧力や摩擦が増えてもチューニングなどに問題が及ぶことは少なそうですが、サウンド面への影響は少なからず感じます。**巻きすぎると音が少し張りつめた印象**になるでしょう。その印象は、通常の押弦時に「ぎゅー!」っとありえないくらいの力でフレットへ弦を押さえつけたらどうなるか?をイメージしてみるとわかりやすいかもしれません。

さらにナットに切ってある溝は、弦を張った状態を想定して指板側からヘッド側に下がるように角度がつけられた溝なので、それを大幅に超えた極端な角度になってしまう場合はバズが出る原因にもなります。

・弦をなじませる

張った直後の弦はチューニングも安定せず、**サウンドの張りもなく、ぼやっとした印象**になるため、たわみを取るように少し引っぱり、**なじませてやる**必要があります。演奏してるうちに安定はしてくるのですが、まずは均一にストレッチをかけることで、より早く、よりバランスの取れた状態にすることができます。

ロー・コードでジャランと弾いてみた時に6弦から1弦まで素直にキレイに鳴る……そんな印象が得られるはずです。

弦を伸ばす際に筆者が使用するのが弦の入っていた小さな紙袋です。

それを折りたたむようにして弦を挟んでつまみ、ヘッド側からブリッジ側にかけて均等に力をかけて伸ばしていきます。

紙袋は薄く、それほど丈夫でないために必要以上の力がかからず、ちょうど良いのです（コピー用紙などでも可）。ぜひ試してみてください。

テイルピース、またはストリング・ガイドの調整

この2つのパーツは、弦をある位置で固定することでブリッジやナット部にテンションをかけて振動を安定させたりバズをなくすためのものですが、調整しやすく（弦を張ったままできる）、積極的に高さを変えることによってサウンドや弾き心地を調整することができるので、いろいろ試してみると良いでしょう。

やはり先に述べたように、弦や接点に圧力をかけすぎて、テイルピース、またはストリングガイドを下げすぎると、**弦振動がキレイにならず、いわゆる「良い音」からは離れていく傾向**にあります。とはいえ上げすぎてしまってバズが出るのは論外です。

ちょうど良いところを楽しみながら探るのが、正しいギターのセットアップです。**こういった些細な部分に神経を研ぎ澄ますことで、音作りのセンスも磨かれていく**ように思います。

オクターブ・チューニング

オクターブ・チューニングとは、フレット楽器の構造上、どうしても起こる「各弦、各フレットでのチューニングのずれ」を分散化する処置のことです。具体的に言えば、6弦をEにチューニングしたあとで12fを押さえて弾いてみたら、本来はオクターブ上のEにピッタリと合うはずなのに少し上下の音程にずれていた……といったことが多々あるのです。

その場合の対応としては、12f位置の弦に軽く触れて開放弦を弾くと鳴るハーモニクス音を基準として（ハーモニクス音は安定しやすいため、基準とするのに有利）、12fを実際に押さえた時に鳴る実音がその基準音と同じ音になるように調整していきます。その調整は、ブリッジ（サドル）を前後させて（ヘッド側 or ボディ・エンド側に動かす）行います。基準となるハーモニクス音よりも実音が高ければブリッジを後ろ（ボディ・エンド側）に、実音が低ければブリッジを前（ネック側）にずらします。

これは一般的な方法ですが、もし12fよりも高いフレットで演奏することが多い場合や特定のポジションでコードを弾いた時に違和感があったりする場合は、そ

の都度その気になる場所を中心に調整することをお勧めします。**繊細なレコーディングではフレーズによりオクターブ調整をし直すということもあります。**

何よりも「自分の耳」でしっかりと確認して調整することが「出したい音」が出せるようになる近道です。

ネック・ジョイントの締付け具合

ギター、特にエレキ・ギターの場合、多種多様なパーツで構成されています。

そのパーツの多くを本体に固定しているものは「ネジ」ですが、**このネジを音色の調整に利用するセットアップ方法**があります。基本的にはそれぞれのパーツがうまく機能するようにネジを締め込んだ上で、**この締め混み具合を調整していき、好みのサウンドに持っていこう**というわけです。

2つの木片を硬く固定したものと柔らかく固定したものをイメージしてください。**それぞれを叩いた時の音色**を想像してみましょう。硬く固定された木片の方は**硬質で均一な響き**、柔らかく固定されている木片は**柔らかく多様な響き**になるはずです。ギターの場合にも、そのような変化を期待できるでしょう。

この調整の中でも、一番影響度が高いのはデタッチャブル・ネックにおける

ネック・ジョイントでしょう。

比較的簡単に調整できる箇所ですし、ギター本体やプレイ・スタイルによって変化具合や変化の印象が変わるので、イメージしにくい場合はまず試してみることをお勧めします。ネック・ジョイントのネジの全体の締め具合だけでなく、ヘッドに近い側のネジだけ少し緩める、ボディ・エンドに近い側のネジだけ少し緩める、さらにピックガードやブリッジのネジもいろいろ締め方のバージョンを試してみるのも良いかもしれません。

トレモロ・ユニットのセッティング

ストラトキャスターに代表されるギターに搭載されたシンクロナイズド・トレモロ・ユニットも、**調整次第でサウンドを左右する重要な箇所**です。

・ベタ付けかフローティングか?

シンクナイズド・トレモロは、それぞれのアーミングのスタイルによってセッティングが異なります。

まずはブリッジのボディ・エンド側を浮かしておいて、アーム・ダウンだけでなくアーム・アップも可能にしている、いわゆるフローティング状態ではどうでしょう。ピッキングのレスポンスが柔らかくなりますから、スプリングの響きが弦振動

に大きく影響して、**ストラトらしい独特のサウンドが得やすくなります。**

次にスプリングが固定されているアンカーのネジを締めて張力を調整すると、ブリッジがボディに密着した状態を作ることができます。その状態ですとアーム・アップができなくなりますが、より弦振動がボディに伝わった結果として**ダイレクトな印象の音色**に変わります。

さらにスプリングを締め上げていき、加えて木片などをキャビティ内の空きに挟み込んでトレモロが動かないように固定してしまう、いわゆるエリック・クラプトン・セッティングにする場合もあります。

これはアームを一切使えない状態ということです。この音色のレスポンスはより**ダイレクトな印象**で、チョーキング時でもアームが動かないため、チョーキング幅が狭くてもしっかりとしたピッチ変化が得られたり、ハーモナイズド・チョーキングの時も安定したピッチ・コントロールができるなど、プレイアビリティ的な部分でのメリットがあります。チューニングのずれも少なくなるでしょう。

トレモロ・ブロックの重量によるサウンドの変化

シンクロナイズド・タイプやフロイド・ローズ・タイプのトレモロ・ユニットには、サスティーンやタイトな低音感を得るため

のトレモロ・ブロックが必要不可欠です。

このトレモロ・ブロックも、材質や重量などが違うリプレイスメント・パーツが多く市販されており、サウンドの調整として交換してみるのも面白いでしょう。

やはり**重いものほどサウンドが明瞭になり**、各弦の分離感、サスティーン、低音のタイトさが強調されます。逆に**軽いものはボディの鳴りを生かしたウッディな印象**で、その結果として、より複雑な倍音感が得られます。

スプリングの本数はどうする？

スプリングの本数や掛け方によってサウンドを調整する、こだわりのギタリストも多くいます。

基本的にはチューニングの精度を考慮した場合、スプリングの張力が安定する「程よく伸びている状態」を作るのがベストでしょう。上手くそのバランスがとれるように本数と掛け方を工夫します。

積極的にサウンドを調整する場合は先に述べたトレモロ・ブロックの質量での調整、そこにプラス・アルファするイメージでバネの本数を増減しても良いでしょう。

調整次第なので一概には言えませんが、**スプリングの本数を多くするごとに低音が締まり、レスポンスがタイトになる傾向**があります。

スプリングの鳴り

　ギターをハードに弾いた直後にミュートして音を切るとスプリングの響きが残って聴こえるはずです。

　ということは常にその響きやレスポンスが弦振動に影響を与えているということで**スプリングの種類や強さもサウンドの質感を左右します**。柔らかいスプリングになるほど響きを得やすく**サウンドはややルーズな印象**です。

　ただしメタル・ミュージックのようなハイ・ゲインなアンプでタイトな演奏を求められる場合はこの残響が邪魔になるケースがあります。その時はホームセンターなどで売られている棒状のウレタン・フォームを切ってスプリングに差し込むと、うまくミュートすることが可能です。

ボリュームのカーブ

　ギターに付いているボリューム・ノブをサウンドメイクに多用する場合は、ボリュームのカーブ（音量最大～最小の間の変化具合）に気を配ってみるとよいでしょう。

　ギターでよく使われるカーブには、ノブの回転に応じてレベルが二次曲線的に上昇するAカーブ、そして直線的に上昇するBカーブがあります。

　聴感上Aカーブのほうが**音量変化が**滑らかに感じられ、ボリューム奏法などもやりやすいメリットがあります。Bカーブは**音を歪ませている時、歪み具合をノブの位置で調整するような際**に、よりきめ細やかなセッティングがしやすいはずです。

ポットの抵抗値

　ポットには抵抗値の違いがあります。例えば500KΩのポットをボリュームに使う場合、フルテン（MAX）状態ではピックアップからの信号は500KΩの抵抗でアースへの道を阻みながら出力側へ流されることになります。

　ただし接続されている以上、信号は若干のアースへの漏れがあるため、**高域がカットされます**。つまり抵抗値を上げて漏れを防ぐことで**高域のロスを減らしたり**、逆に下げることで**高域が抑えられたマイルドな音質にしたり**……そんな微妙なカスタマイズが可能になります。

　一般的にはトレブリーなシングルコイル・ピックアップには250KΩ、マイルドなハムバッカーには500KΩ、その中間のP-90などは300KΩが使用されるケースが多いようです。

　しかし自分が狙ったサウンドになるように、**それら一般的な仕様にとらわれず交換してみる**のも面白いでしょう。

コンデンサーを変えてみる

コンデンサーはトーン回路に使用されるパーツです。

ピックアップから流れてきた音の信号は、高い周波数ほど通しやすい性質を持っているコンデンサーを介したのち、トーン・ポットで絞った分だけの高域成分はアースへと流れます。

その結果、出力される音は「**高域成分が減衰されたマイルドな音**」になるのです。コンデンサーは μF（マイクロ・ファラド）という単位によってその効果が変わり、この値が大きくなれば、より**こもったマイルドなサウンドに変化させる**ことができます。ハムバッカーには $0.022\,\mu$F、シングルコイルには $0.047\,\mu$F のコンデンサーが一般的には使われていますが、それほど積極的にこもった音を使わないということであれば、値の小さいものを使用したほうが**音の明瞭度はアップする**でしょう。

さらにコンデンサーは、使用されている素材によって、セラミック・コンデンサー、オイル・コンデンサー、フィルム・コンデンサーなど、さまざまなバリエーションが存在します。**その違いによって変化する音質にこだわるというディープな世界も存在する**ので、実際にいろいろ実験してみると楽しいかもしれません。筆者は若干値の小さい

ヴィンテージのペーパー・イン・オイル・コンデンサー（スプラグ製、通称バンブルビー。計測してみると $0.015\,\mu$F あたり）をネット・オークションで手に入れて取り付けています。

ただしフルテン状態で弾くことが多ければ、そこまで劇的な効果が得られるわけではありません。過度な期待はせず、あくまでもちょっとした味付けや気持ちの部分で楽しむのが良いでしょう。

ギターのボリューム・ノブ、トーン・ノブによる音作り

ギター本体のノブでの音作りはサウンドメイクの基本中の基本でしょう。

通常エレキ・ギターではフルアップ状態で本来のサウンドが得られますが、ポイントはそこからボリュームを下げていくに従って、音量だけでなく**高音域が減少していくところ**です。ギタリストによっては目盛り 8 ～ 9 ぐらいをデフォルト状態とし、その**甘めなトーン**を好んで使用しているケースも多いでしょう。

高音域の減少を抑え、単純に音量だけをコントロールしたい場合にはハイパス・コンデンサーをポットに装着するモディファイがお薦めです。またトーン・ノブも音作りに積極的に使ってみると**面白いサウンド**が得られます。

エリック・クラプトンが 60 年代に多用

したことで知られる、あの**こもったウーマン・トーン**もこのトーン・ノブのコントロールによるものです。

ただしこのトーン・コントロール回路がギターに内蔵されていると、フルアップ状態でも電気的にはロスがあり、**ピックアップ本来のサウンドにフィルターが掛かった状態**となってしまいます。

それを嫌い、よりブライトなサウンドを求めるギタリストはトーン回路を取り外してしまったり、目盛り10付近に設置されたクリック・スイッチでトーンがカットできる「フルアップ・トーン・ポット」のモディファイを行います。

エディ・ヴァン・ヘイレンのシグネイチャー・モデルにはトーン・コントロールが付いていないことで有名です。

🔊 音で確認！耳で納得！

Track26 ボリューム・ノブでの変化

1962年製ストラトでフロント・ピックアップ、少し歪ませたクランチ・トーンにセットしてボリュームを10から4まで2目盛りずつ絞ってレコーディングしています。音量とともに高音域が減衰している点に注目してみてください。2回目、目盛り8あたりのサウンドは温かみがあって使い勝手の良いフィーリングを感じます。

🔊 音で確認！耳で納得！

Track27 トーン・ノブでの変化

こちらも同様のセッティングで、トーンを10から0まで1目盛りずつ絞ってレコーディングしています。8あたりでサウンドが丸くなり始めますが、その後4辺りまでは立体感をキープしています。3以降は急激にこもりだす印象でした。

ちなみに上記はエレキ・ギターの場合です。エレアコに内蔵されたプリアンプのボリュームは、上げ下げによってエレキ・ギターほど大きく音色が変わらないので、単純に上下に調整の幅を持たせるように、デフォルト状態を7あたりにしておくと良いでしょう。

これにより、奏法による音量の変化が大きいアコースティックでも、その都度最適な音量に合わせることができます。

コイル・タップ機能を搭載してみる

ハムバッキング・ピックアップには2個のコイルがありますが、このうちのひとつをワン・タッチでキャンセルして**シングルコイル・ピックアップのようなサウンドにする**ことをコイル・タップと呼びます。この効果は劇的で、例えば通常ハムバッキング・ピックアップが搭載されたレス・ポール・タイプのギターに搭載すれば、まるでテレキャスターのようなサウンドをワン・タッチで作り出すことができる、一石二鳥な機能です。

サウンド・バリエーションが豊かになるので、**数多くのさまざまな種類の曲を1本のギターで通したいようなライブのシチュエーション**などでは、かなりの戦力になります。この機能を搭載するにあたって以下の点に注意しましょう。

・スイッチの箇所

一番手軽な箇所は、ボリューム・ポッ

トやトーン・ポットをプッシュ・プル・スイッチ付きのものに変更することでしょう。

ミニ・スイッチを増設することもできますが、ボディやピックガードに新たに穴を開ける作業が必要となります。プッシュ・プッシュ・スイッチの方が素早い切り替えを可能にしますが、その構造上耐久性が低い場合が多いので搭載はトラブルのリスクと併せて検討するべきです。

・ポットの抵抗値とのマッチング

先述のようにハムバッカーとシングルコイルでは一般的に使用されるポットの抵抗値が違います。

つまりコイル・タップした時も500KΩのポットを使用する場合が多いため、**ややトレブリーなシングルコイル・サウンドになりやすい**です。そのことを想定しつつ、アンプやエフェクターのサウンドメイキングをすると良いでしょう。

・使用ハムバッキングの構造

コイル・タップが可能なハムバッカーは、ふたつのコイルからそれぞれ + ホットと - コールドの線が伸びた「4芯」のものです。「2芯」のものは片方の + ホットともう片方の - コールドの線のみですので、コイル・タップしたい場合はピックアップ自体の改造が必要になります。プリアンプを内蔵したアクティブ・タイプのピックアップは、この改造は難しい場合が多いでしょう。

🔊 音 で 確 認 ！ 耳 で 納 得 ！

Track28 コイル・タップ比較

レス・ポールに搭載したフロント・ハムバッキング・ピックアップをタップしたサウンドです。前半はノーマル、後半がタップドのサウンドです。タップされた音はどことなくテレキャスターにも近い匂いがします。PU 配置も近いためミックス・ポジションにするとその傾向はさらに顕著になります。

ナットの素材

ヘッド側で弦を止めるナットの素材にもさまざまな種類があって、突き詰めていけばディープな世界へとのめり込んでいくことになります。ペグ同様、開放弦だけへの影響かと思いきや、押弦した時の感触やピッキングのタッチ感にも変化が感じられるので侮れません。基本的には動物の骨や牙などの天然物、またはそれを模した人工素材など、軽くてやや硬い（加工が難しくない範囲で）ものがメインです。

それぞれに硬さや響きがあり、それによってサウンドは変化し、摩擦も変わってくるのでチューニングのやりやすさにも影響があります。特に劇的な変化を伴う素材としては、金属であるブラス・ナットが有名でしょう。ハード・ロックなイメージがありますが、やはり**ロング・サスティーンでパワフルになる傾向**です。ただし加工は難しく、摩擦の面から、ややチューニング面では不利になりやすいです。

「音作り」のために知っておきたい弾き方による違いの基礎知識

ここまで「ギター自体がどのようにして音を出すのか」について書いてきましたが、まずは人間が弦を押さえ、弾かなければ、その音は発せられず機能しません。

それが良いギターであっても、弾き方を間違えてしまったらまったく良い音は出ませんし、逆にどんな悪条件でも弾き手のセンス、技術次第では素晴らしい音楽が生み出せてしまう……そんなこともしばしばです。

ギター・サウンドにおいての最重要事項と言っても過言ではない、「弾き方」について考察してみましょう。

弦振動によって多様な音が出ることを知る

筆者のギター・レッスンに初めて来られた方のレベル・チェックでよく出すお題が**"1弦だけを使って「きらきら星」を弾いてみてください"**です。

これを実際にやってみるとわかるのですが、初心者でもほとんどの方は2〜3分あれば簡単にメロディを覚えて弾くことができるようになります。

「フレットの番号 00779975544220……を順に押さえて弾いてください」

少し練習して……「弾けました！」といった感じです。

この時に「とりあえず音程が確認できて、メロディが認識できた段階」で、御本人は「弾けた！」と言っています。

しかし実際はこの時点では、**ほとんど音楽的な演奏とは呼べない演奏**であることが多いです。

次に**"では1万人を感動させるような「きらきら星」にしてください"**と言うと、みなさん戸惑いながらも、初心者の方は丁寧で均一な演奏を心がけ、

中級者の方はハンマリングやスライドなどの装飾を使って、なんとかそれっぽくして弾いてみたりします。

そこで見本として筆者は、しっかり押弦して、ピッキングの位置、向き、角度を変えつつ、強弱をつけて、おまけに間をとったりしてテンポも揺らしながら（ルバートに）多様な表情をつけつつ弾いてみます（ハンマリングなどのテクニックは使いません）。

すると一様に「全然違うじゃん！」と驚き、すぐさまフィンガリングやピッキングにこだわりだし、明らかにさっきとはクオリティが違う、きらっきらの「きらきら星☆」を弾くようになっていきます。

つまり多くの人は、タブ譜に表記されているような「何弦何フレットをどのタイミングで弾く」という情報だけで演奏しているのです。

しかしその「盲点」……つまり**ピッキングによる弦振動のさせ方次第でトーンのバランスや強弱がコントロールできて、音楽的に良い結果をもたらす**ということに気づくと、サウンドメイクのセンスというのは一瞬でぐっと高まるものなのです。

一度これらのパラメーターの変化によるサウンドの変化を経験したら、もうあとには戻れません。その後は自分のイメージするトーンを追求し続けることになるのです。

ギターの構え方

ギター演奏は想像以上に全身運動です。これは「スポーツだ！」と言っても過言ではないもので、野球選手のイチローがバッティング・フォームの改善に余念がないように、陸上選手のウサイン・ボルトがより無駄のない美しいフォームを求めるように、自分の音を確立したいのであれば、私達ギタリストもギターの構え方（演奏フォーム）に十分な注意を払うべきだと考えます。ただし体格や腕の長さ、手の大きさなどは人それぞれ違うもの。**「コレだ！」という正解フォームはありません**。

しかしそんな中でも、目的は**「ストレスがなく効率の良い安定した演奏フォーム」**であるとブレずに定めておくと、おのずと各々の正解が見つかるはずです。

以下にあげた、人間の体の構造から考えられるチェック・ポイントに注意しながら自身の基本フォームを探り出して、それをいつでもキープできるようにしましょう。

もちろん自分に合ったアップデートも大切ですが、基本フォームもキープできるようになれば、さまざまな問題の改善方法も探し出しやすくなります。

チェック・ポイント1　座って弾く場合、座った時に膝の角度が90度より少

し鋭角になる程度の低い椅子を使いましょう。膝がそれくらいの角度になると、腿の部分でギターをホールドしやすくなります。

初心者は押さえている左手の指を確認するため、左手を近くに寄せようとする結果、体とギターのネックが平行気味になりがちで、その結果として右手の動きが苦しくなるのです。

左手が窮屈になり右手も無理があるフォームに

チェック・ポイント2 ギターを脇腹に抱えてヘッドをぐっと前に出します。ヘッドを前に出そうとするとギターは両肩を結ぶラインに対して45度〜60度程度の角度になるため、へその前にはグレープフルーツがぽんとおけるくらいのスペースが生まれます。その状態が作れれば左手側には十分に動きやすいスペースが生まれるので、ロー・ポジションからハイ・ポジションまで動かしやすくなります。右手側も肩が前に飛び出さないので、右腕を楽に動かせる状態を作ることができます。

両手とも負担のないフォームに

チェック・ポイント3 指板が見えないからと言ってギターのトップ面が天井を向いてしまうように持つのはNG。右手のダウン・ストローク（上から下への動き）を完全に重力に任せても問題ないような状態が作れていないと、右手に不必要な力が入ってしまうからです。

ほんの少し体を前傾にした姿勢を取りながらギターを起こしますが、指板はほとんど見えなくなるくらいの構え方が正解です。

チェック・ポイント4 ギターのヘッド、ネックが下がらないように構えます。「ネックより左手首の位置が上にある状態」にしてしまうと、途端に指が開かなくなるという現象が起こるので、「ネックより手首の位置を下に」キープできるよう、ちょうど良い位置に調整します。

ヘッドが下がり指が開かず動きにくくなるフォーム

ギターが上を向き、ピッキングの軌道が妨げられる

ヘッドが適正位置になると運指がしやすい

垂直に立てるとピッキングがスムーズになる

チェック・ポイント5 立って弾く場合は、体に対してのギターの位置が「座って弾いている場合と可能な限り同じ」になるようにストラップの長さを調整します。

ルックス的にギターの位置を下げたいという場合は、ギター自体のホールドのしにくさ、先述のネックよりも左手首の位置が上がってしまうことによるフィンガリングのしにくさなどを考慮する必要があります。

それら「デメリット」を明確に頭に入れておくだけでも、「なんとなくギターを下げて持つ」状態よりも対応策がとりやすくなります。

座って演奏する時のギターの位置

立って演奏する時。座って演奏する時と比べ、大きく差が出ないほうがストレスが少ない。

左手

　自分の音色に疑問があるギタリストを数多く指導させていただく中で感じるのが「押弦がとにかく弱い」ということ。一聴すると、音がビビったり鳴っていない音があるわけではないので、本人も気づきにくいのですが、それは「単調で弱い」ピッキングだから成立している話です。生徒さんに左手は押さえてもらったまま、右手は私が担当していろいろ角度や強さを調整してピッキングしてみせると途端に音が崩壊（ビビったり詰まったり）してしまうことが多々あります。とはいえ単純に力任せに押さえてしまってはピッチの不安定さ、緊張による動きにくさ、**音質の悪化などにつながります。**

　以下の点に注意しながら押弦してみてください。

スウィート・ポイントを押さえる！

　ギターはフレットが打ってあるので、そのフレットとフレットの間を押さえるだけで簡単に音程はとれてしまいます。実はそれが盲点を作る原因です。押さえる場所がヘッド側に近ければ（フレットとフレットの間を100%とした場合、10%〜30%の位置）、それが音がビビる原因となり、フレットにかぶるくらい極端にボディに近い側（100%〜105%位置）を押さえてしまえば、今度は**音がこもる原因**になります。押さえやすさ、音質は、押さえる場所をミリ単位で動かすだけで変化させることができます。

　筆者がお勧めする箇所は70%ぐらいの位置（中央よりややボディ寄り）です。常にどんなフレーズ、コードを弾く場合でもこの「点」を押さえることを目指します。この70%位置を目安にしていれば、フィンガリングによって起こりうる誤差も吸収してくれるので、50%〜90%の位置を維持して押さえやすいのです。

ビビりやすい押弦位置

クリアに鳴りやすい押弦位置

垂直に押さえる!

例えば誰かの体をマッサージ指圧する時、指を立てるようにすると力が込めやすいですよね。逆に指を寝かせるようにすると不必要な力を要してしまうでしょう。ギターもそれと同じで、弦は垂直に押さえましょう!……とは言いつつも、指、ギターの構造上、**前後のフレーズの関係で**、全くの垂直というのは無理な話なので、そこは臨機応変、「可能な限り効率の良い角度を意識する」ということが重要になります。

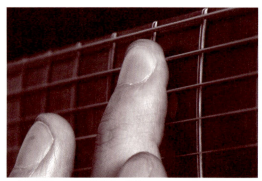
角度が浅い力がこめにくい押弦

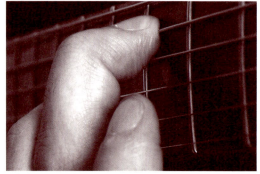
角度のついた力がこめやすい押弦

●

以上のポイントに注意しながら押弦を研究しましょう。ただし御察しの通り、使用するギター、ジャンルによって押さえ具合が激変することもしばしばです。例えば弦高が高めでテンションキツめのニュアンス重視のギター・セッティングでブルースを弾く場合（強めな押弦）、弦高ペタペタでテンション緩めの速弾き特化セッティングでメタルを弾く場合（触れるように押弦）では、それぞれに合わせて別人になる必要があります。

このあたりの違いを短い時間で使い分けてひとりでこなすとしたら、けっこう難しい技術が必要になると思います。

右手：ピッキング位置／方向／強度／当て方

この本の真髄はここにある……と言っても過言ではない「ピッキング」。まさに音の震源地であり、私自身研究中であり、まだまだ不明な点も多い部分です。しかしそもそも明確な答えがあるわけでもないのですが、「**同じセッティングなのに弾くギタリストによって明らかにサウンド・クオリティの差がありすぎ**」というやりきれない現場を数多く経験してくると、この「ピッキングに関して」を最重要視せざるを得ないわけです。レッスンなどでは実際に生徒さんと対面して試

行錯誤を繰り返し、**それぞれの出したい音、理想のピッキングに近づけていく**わけですが、その時に注意していることを以下にあげていきます。

ピッキング位置

　ピッキングする位置が「ブリッジに近い場所か」「ブリッジから離れた位置か」によって、音質が変わるだけでなく、右手に伝わるレスポンスも変わります。**ブリッジに近ければ近いほど、高音が強調されて低音は少なくなります**。またピックに対しての弦の反発力は強くなり、ピックをしならせて（ピックが負ける状態と呼ぶ）弾かないとピッキングが成立しません。ロベン・フォードやアレン・ハインズなどのようにその反発力を利用して表面だけをこするように発音（バイオリン的な発音法）させるギタリストも多くいます。この位置はピッチは安定しやすい傾向にあります。逆にブリッジから離れたフロント・ピックアップ付近でのピッキングは、**低音が膨らみアタックが和らいだサウンド**になります。ピックと弦の当たりのテンションが弱いため右手のレスポンスは柔らかくなり、タイトなピッキングは難しくなります。その弱いテンションを利用してスラップ（弦を引っぱりフレットに打ち付けるようにピッキングする）気味にアタックを出したり、ハーモニクス・ポイントが集まりやすい点（24f位置あたり）を狙うことにより**オクターブ上の倍音を強調しながら演奏する**ギタリスト（アンディ・ティモンズやポール・リード・スミスなどの得意技）も多くいます。

🔊 音 で 確 認 ！ 耳 で 納 得 ！

**Track29 ピッキングの位置
　　　　（エレキ・ギター）
Track30 ピッキングの位置
　　　　（アコースティック・ギター）**

それぞれネック・エンドあたり、中間、ブリッジから数センチの位置、の順でピッキングしたサウンドです。アコギは後半にコードでも演奏しています。それぞれ違うギターかと思うほどに音が変化するのがわかります。

低音が膨らみ高音、アタックが丸くなるフロント側のピッキング。

高音、アタックが強調され、低域が少なくなるリア側のピッキング。

ピッキング方向

ピッキング位置同様、ピッキング方向……つまりどのような向きに弦を振動させるかという点でも**トーンのバランスを変化させる**ことができます。これはアコースティック・ギターかエレキ・ギターの違い、ピックアップの種類によっても変化の仕方が違うので各自の機材で検証する必要があるのですが、大まかに言えば、ギターのトップ面に対して垂直方向（トップに近づく＆離れる方向）の振動をさせるようにすれば**低域が増える傾向**、そしてボディ・トップと平行（ボディ左右方向：トップと弦の距離は変わらない）に振動させれば**低域が削れる傾向**（高域が増えるわけではなく、相対的に高域が突出したチリチリとした音になりやすい）にあると言えます。トップ面を振動させることで音を発生させるアコースティック・ギターで考えれば、垂直方向にピッキングすることの重要性は理解しやすいと思います。弦振動によってピックアップの磁界に影響を与え発音させるエレキ・ギターでも比較的近い振る舞い方をするので、演奏上はどのシチュエーションでも同じようなイメージで演奏しつつ、ギターによって微調整する……というのがストレスなく幅広い演奏をこなすコツでしょう。垂直方向に弦振動させるには、三味線弾きのようにトップ面に押し付けるようにピッキングします。あるいはややピックを順アングル（ピックのヘッドに近い側が1弦側に下がる）にして、ピックのサイドを弦に滑らせつつテンションに負けないように弦をトップに押し込みながらピッキングする、というのが具体的な方法になります。特に後者はアップ・ピッキングの際もやりやすいので習得しておきましょう。

🔊 音で確認！耳で納得！

**Track31 ピッキングの方向
　　　　（エレキ・ギター）
Track32 ピッキングの方向
　　　　（アコースティック・ギター）**

どちらも押し込むようなピッキングとボディと平行に弾くピッキングを交互に弾いています（音源は「押し込む→平行→押し込む→平行」です）。特に低音の出方が明らかに違うのがわかります。アコギでは後半にコードでも演奏しています。

低域が膨らむボディ・トップに押し込むようなピッキング。

順アングルにしピックのヘリを使えばアップ・ピッキング時も押し込むようなピッキングが容易になる。

ピッキングの強さ

主に「音量」の変化を「ピッキングの強度」によって変えようとするわけですが、先述のピッキング位置や方向の違いによって「強度と音量」の相関関係が変わっていくため、それら他のパラメーターを考慮しながら調整する必要があります。

つまりフロント・ピックアップくらいの位置で普通に弾いたのと同じくらいの音量感を出すためには、ブリッジ位置では弦を押し込みながら強めに弾く必要があったりするということです。またこの音量のダイナミック・レンジが広いほど感情豊かな表現には有利なわけですが、低い弦高ではフレットの頂点が弦に近いため、弦振動の振幅はバズという形でリミットがかけられて抑えられてしまったりします（もちろんバズの量はピッキングが強い時ほど多くなるので、バズを表現のひとつとして積極的に取り入れる場合は、そのしきい値、割合も考慮する）。

たとえ高い弦高であったとしても振幅が広すぎてしまうとピッチが揺れてしまったり、ギターの特性上、ある程度の効果の範囲があるので、そこもちゃんと考慮すべきでしょう。**単純に力を込めれば迫力のある音が鳴る……というわけではない**のが、ギターの難しくも面白いところだと思います。

🔊 音 で 確 認 ！ 耳 で 納 得 ！
Track33 ピッキングの強さ

フロント・ピックアップ（シングルコイル）でメジャー・スケールを弱→強→弱→強→弱と、1音ごとではなく、全体的になだらかに変化するよう弾いています。トーン・バランスの変化に注目してみてください。

ピックの当て方

初心者のうちはなかなか意識しづらい点ですが、実はピッキングする際には**3つの音**が同時に鳴っています。

それは「ピックが弦に**当たる**音」「ピックが弦を**こする**音」「ピックが弦を**弾く**音」です。多くのギタリストは3つ目の「ピックが弦を弾く音」を主に意識していますが、上級者は上記の3つのタイミング、バランスをコントロールすることで**サウンドのイメージが変わる**ということを知っています。

例えば「ピックが弦を弾く音」のみを抽出して**ピュアなトーン**を出す場合は、弦にピックが密着した状態（ピックが弦に当たるカチっという音がなくなる）から平行アングル（ピックが弦をこすらなくなる）で弾きます。

逆に**倍音成分のみのささやくようなトーン**の場合は、ピックですばやく弦を叩くように、かつ順アングルでこするようにしながらもピックは軽く持ち、決して振り抜き弾かないようにする……など、**さまざまなトーンを自分のイメージに合わせて生成する**のです。

これは「タッチ」と呼ばれる範疇の要素で、ニュアンス重視のギタリストが最もこだわっている部分かもしれません。

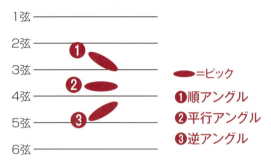

ピックのアングル

優れたギタリストは、**イメージとなるサウンドと現状のサウンドの差を埋める**ように、以上の要素を常にコントロールして演奏しています。

ですから**常に理想的なサウンドを出すことができる**のです。

ただしそういった調整がストレスになったり調整範囲を超えるひどいセッティングに直面した際は、たとえ優れたギタリストであっても演奏に支障をきたすでしょう。やはり**楽器や環境のセッティングに合ったサウンドメイクが重要**になるのです。

🔊 音で確認！耳で納得！

Track34 ピッキングの深さ

前半は深いピッキング、後半は浅いピッキングです。音量の変化よりも、トーン、ニュアンスの変化に注目です。深いピッキングだと音と音の間隔が広がりエネルギーが溜まって弾けるようなニュアンスに聴こえ、浅いピッキングだと滑舌の良いスマートな発音に聴こえます。

🔊 音で確認！耳で納得！

Track35 ピッキングの角度（エレキ・ギター）

平行アングル、順アングル、逆アングルの順でピッキングしています。順、逆、平行の順番でピックが弦をこするノイズが減少します。逆アングルのサウンドは思った以上に丸くクリアでした。意外にも録音してわかったのは生真面目に平行アングルを強調すると振動した弦がピックに触れるノイズがでやすいということです（音源にも一瞬聴こえると思います）。個人的にニュートラルなアングルは平行よりほんの少し順アングルに傾けたぐらいがちょうどよく感じます。

🔊 音で確認！耳で納得！

Track36 ピッキングの角度（アコースティック・ギター）

アコギでもピックのアングルを検証しました。平行アングル、順アングル、逆アングルの順でピッキングしています。順アングルはノイジーですね。逆アングルはアタックが強調されて「使える」サウンドになっています。後半はコード演奏です。

ピックの種類

ピックには、形、素材、厚さなどにさまざまな種類があり、**サウンドやプレイアビリティへの影響も大きい**ため、選択に迷うギタリストも多いでしょう。その都度最適なものを選ぶのも良いですが、頻繁に変えると感触も変わりますし、演奏に安定性がなくなります。日常的に使う「お気に入り」を定めつつ、用途に応じて「サブ」を用意するのがベストなチョイスではないでしょうか。ピックは基本的には高価なものではないので、まずは気になるものを手に入れて音を出してみるのが一番かと思いますが、ぜひ以下の点も参考にピックを選んでみましょう。

形

大きく分けると、ティアドロップ型とトラ

イアングル型があります。ティアドロップ型は先端が鋭く、弦に対してのアングル角を調整することで**大きなサウンドの変化が得やすい形状**です。トライアングル型は**より安定的なサウンドを得やすい形状**で、アコースティック・ギターのストロークなど、リズム・ギター主体の場合に多く用いられます。使えるエッジが3箇所あるということで経済的にも有利です。

大きさ

　ピックを持つ深さや強さを変化させられる幅を考慮すると、大きめのピックは有利でしょう。ただし大きすぎると持て余してしまったり小回りが効きにくいと感じるギタリストも多いようです。自分のスタイル、手の大きさを考慮して、収まりが良いサイズを見つけましょう。

厚さ

　ピックの厚みが増すごとにサウンドの傾向は変わり、質量が大きくなるにつれ「**アタック音が大きく**」なり、しなりがなくなるにつれ「**倍音成分が減る**」傾向にあります。このあたりは弦の張力、質量によるところが大きいので、使用ギターとのマッチングのバランスを見ながらチョイスすべきでしょう。

　この時に注意したい点は「弾きやすい」という理由で「薄すぎる」ピックを「常時」使ってしまうこと。普通のピッ

クの厚さの目安は 0.8mm あたりでしょう。素材にもよりますが、この値より薄いとどう弾いても弦のテンションに負けてしまうため、**強弱によるダイナミクスがなくなったり**、振り抜きの際に大きくしなるためにアタックから弦を弾くまでに大きなタイムラグを生んでしまう可能性があります。確かに振り抜いた際の抵抗は減るため、最初は弾きやすく安定した音量が得やすく感じますが、それは諸刃の剣。その状態に慣れてしまうと、いつまでも**トーンをコントロールする技術が身につかない**ままになりがちです。もちろん薄いピックでコントロールできるギタリストもいますが、一般的にそういった傾向はあります。長期的に見た筆者の意見としては、1mm 程度のピックを使い、指先のピックをホールドする強さで人工的に抵抗やしなりをコントロールするスタイルをお薦めします。もちろんシチュエーションに合わせてピンポイントで薄いピックを使うことは OK! むしろ積極的に試してみてもらって、最終的にどうするかは耳で判断することです。

ピックの素材

　ピックの素材も**トーンに大きく影響する大事な要素**です。ポピュラーなものではセルロイド、ナイロン、ポリアセタール、ウルテムなどを筆頭に、べっ甲など

の天然素材、ステンレスなどの金属など、数限りない素材のものが市販されています。物は試し……ですが、やはりとても選択肢が広いので、主に以下の点を気にしながら絞ってみるとよいでしょう。

ピック自体の音

ピックを硬い机の上などに落としてみましょう。カランと鳴るもの、コロンと鳴るもの……いろいろな鳴り方をすると思います。ここは直感を働かせて、単純に**良い音だなあと思う音が鳴ったもの**からチャレンジして問題ないでしょう。

削れ方

使うと摩耗するピックですが、素材によってその磨耗具合にはけっこうな違いがあります。削れた面がザラザラするもの、少しキメが細かくてサラサラするもの、まったく引っかかりのないツルツルな面をキープするものなど……そういった**削れた面が弦振動に影響を与える**ことは想像に難くないはずです。例えばブルース・ギタリストが削れた面を弦にこすりつけながらギリギリ……というスクラッチ音混じりに熱のこもったピッキングをしている様子は、多数の音源からも聴くことができます。まずはピッキングの技術が身についていない段階では特に気にしない人が多い部分かもしれませんが、**実はかなり重要な要素**です。

耐摩耗性

耐摩耗性は「削れ方の影響」が出やすいかどうか、という点でも注意したいところですが、まずは単純に経済的に有利かどうかで考慮して良いでしょう。

プロ・ギタリストがマイク・スタンドに数多くのピックを貼り付けているのを見たことがあると思いますが、あれの最大の理由は、なくしてしまうとか投げるためではなく、**音質やプレイアビリティを優先**して頻繁に交換するためです。

これまで述べてきたように、ギタリストはピックの先端でかなりの細かいコントロールを行っています。この先端の状態に変化があるとその都度フィーリングが変わってしまうため、ニュアンスを気にするギタリストほど新品状態をキープしようとします。アマチュアであっても、演奏するたびに毎日交換するぐらいの気持ちがあっても良いと思います。

例えば筆者はピックを購入する際は500枚単位で注文しますが、1枚100円としても¥50,000です。価格のわりにギターやエフェクターを買った時のように「うぇーい！」と盛り上がれる類の買い物ではないのですが、そこは宿命だと思ってケチらずに、いつでも良い状態のピックで演奏するようにしています。ただ、この¥50,000の出費や交換の手間をできれば抑えたいのも事実。やはりトーンや演奏性とともに耐久性も考慮するのが

ギタリストとしての心得でしょう。デルリン、ウルテム、ポリアセタールなどは耐久性の高い素材としてもポピュラーです。

滑り止めの有無

　基本的にはなくてOK！です。滑り止めがあるピックでしか弾けなくなると、途端に選択肢が狭くなります。可能な限り指先の感覚だけでうまくホールドできるよう練習するのがベストです。もっと言えば、ピックがずれてもいつでも戻せる、**トーンを変えるために常にピックの位置をずらしながら調整する**……というような「ピックの乗りこなし」を目指すべきです。

　ただ、どうしてもピックがずれて弾けない、体質的にホールドが難しい（汗や皮膚の状態などで）場合は、一時的に滑り止め付きを試してみても良いでしょう。滑り止めは印字部分の凹凸程度の軽いものから、ゴム素材やヤスリ状の処理がされたとても滑りにくいものまであります。

筆者のピック

　筆者が常用するピックはポリアセタール製の縦3.6mm横2.6mm厚さ1mmのティアドロップ型で、フジゲンにカスタムオーダーして作っていただいてます。ここ10年くらいレギュラーの座は変わらず、これ以外のピックを試してみたりもし

ますが、いつもこれに戻ってしまう、自分にフィットするピックです。ポイントは、形状、サイズ、厚さ、**すべてがトーンをコントロールするのに自分にとって最適**で、耐久性もありつつ削れ方もエッジが程よくざらつく程度……と経済的で、ニュアンス表現もしやすく、お気に入りなのです。

　ただしこのピックが苦手なシチュエーションもあります。例えばアコースティック・ギターのストローク、テレキャスターのPUセレクターのミドル・ポジションでアルペジオ……といった**倍音を解き放つような演奏では、音色がややマットになり整いすぎてしまいます**。その場合はウルテム製トライアングル型のやや薄めの0.73mmを好んで使用しています。

　実際にレコーディング現場でエンジニアから**「高音がもう少し欲しい」**というオーダーが合った際にピックをそれに変えると、100％の確率で「いいですね〜！」という返事が返ってきます。肌感としては、**アンプの設定を変えるよりもずっとよい結果が得られます**。

🔊 音で確認！耳で納得！

**Track37 ピックの違い
　　　　（エレキ・ギター）
Track38 ピックの違い
　　　　（アコースティック・ギター）**

それぞれ1mmポリアセタール・ティアドロップ型、0.73mmウルテム・トライアングル型の順でピッキングしています。やはりどちらの場合も後半のほうが明るく聴こえます。

筆者の使用しているピック。左から1mm厚ポリアセタール製ティアドロップ型、ウルテム製トライアングル型（中央0.73mm厚、右0.56mm厚）。トライアングル型はポリアセタール製を使う場合もあります。音色の悩みがピックの変更で一気に解決するのはレッスンでもよく見る光景で、コストもかからずとてもお薦めです。

指弾きの爪は伸ばす？伸ばさない？

　この問題は多くのギタリストの悩みかもしれません。実際、筆者自身も長年悩んでいて、いまだに答えが見つかっていない状況です。というのも「体質」が大きく影響を及ぼすからです。爪は体の一部。例えば伸ばすためにはひとつの条件として「爪が丈夫」である必要があります。

　では爪を伸ばす場合、伸ばさない場合のメリットを以下にあげていきましょう。

・爪を伸ばすメリット
明瞭なトーン、音量の変化を得やすい
ピックと指引きを併用した時でも**音色が揃いやすい**
指先の皮膚の負担が少ない

・爪を伸ばさないメリット
温かい音が出しやすい
爪が割れる危険がない（手入れが簡単）
タッピングがしやすい

　実は筆者は「指先の皮膚が固くなりにくい」という理由で、爪を伸ばさないという選択肢を取りたいと思いつつも、爪を伸ばすという選択をしています。指先が硬いギタリストは爪が短くとも、**ある程度明瞭で音量もある温かいバランスの良いトーン**を出すことができます。そんな音が好きでそこを目指したい思いはあれど、筆者の場合、音量やアタックが出ずに力んでしまうため、指先を痛めてしまうのです（タッピングがやりにくいのもストレス……）。幸い爪は丈夫な方なので割れないように気をつけながら（ライブやレコーディングの前に割れてしまうと大変！　機材セッティング時などは必ず手袋などを着用します）演奏しています。この機会に御自身の爪のコンディションについても検討してみてください。

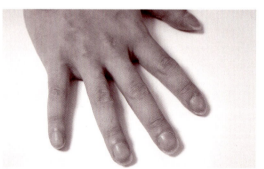

筆者の爪。長すぎると引っかかり割れやすくなるため指先から2mm程度出るくらいに切りそろえます。ピックを持つ際に邪魔になる親指、人差指は短め、音量を稼ぎたい薬指は少し長めに調整。小指はめったに使用しない＆ボディに当たり、ノイズの原因になるため伸ばしません。自身のスタイルに合わせて、いろいろ試してみてください。

ギタリスト以外に聞いてみました!

「私が好きなギターの音」

ギタリストが演奏する時は、
バンドのメンバーやライブハウスの PA の方など
多くの人が関わってきます。
そこでギタリスト以外の方々に
「好きなギターの音は?」
「グッとくる音は?」
「好きな音の出し方をしているギタリストは?」
といった意外と聞く機会のない質問をして、
それぞれの立場からの視点での回答をいただいてみました。
「最高のギターの音」を作る上での参考にしてみてください。

ボーカリスト
クリス・ハート

　僕が好きなのは、LUNA SEAのSUGIZOさんのリード・トーン。ヴォーカルに負けないエッジがあるオーバードライブ、深いディレイがカッコ良くてバランスが良いと思いました。どんな曲でも**エモーショナルでいろいろな気持ちを表見できるサウンド**だと思います。

クリス・ハート：アメリカ、サンフランシスコ生まれ。中学校にて日本語を学び日本の文化に興味を持ち、J-POPに大きな影響を受ける。ハートフルな歌声と抜群の歌唱力で話題となり、2013年5月にCDデビュー。第64回・第65回「NHK紅白歌合戦」に2年連続出場した。2018年春より音楽のステップアップ、育児のため、活動を休止した。

What`s your favorite guitar sound？

ベーシスト
石村 順

　一緒にやっててやりやすいのは、ギター単体の音色だけじゃなくて**「バンド全体のサウンドの中で良い音かどうか」**をイメージして追求してる人。つまり、まずは音色が曲調に合っていることと、他の楽器と周波数帯域をうまく住み分けていることが基本で、その上でその人の個性が出てれば最高。ライブでは、会場の響きを踏まえた音作りと、バンド内での最適な音量バランスを大事にしてほしい。ベーシスト的には、**低音を強調しすぎたギターの音色はやりにくい**。バスドラやベースの低音とぶつかって、バンド全体のサウンドが濁ってしまうから。
　理想の音を出すために一番大事なのは、**出したい音を鮮明にイメージし、その音を出すためのタッチを研究する**こと。

石村順：元NEW PONTA BOX、元LOVE CIRCUS。日食なつこ、ポルノグラフィティ、城南海、Kなど、数多くのサポートワークをこなす。著書『ベーシストのリズム感向上メカニズム』とAloha Bass Coachingでのリズム・レッスンは、ギタリストからも好評だ。Twitter @jun_aloha　Facebook jun.ishimura.bass　www.bass-groove.com

ドラマー
小畑 ポンプ

　ドラマーとして一緒に演奏しやすいギタリストは、**感情を素直に音にできる人**ですね。例えばリズムで言うと音符にいくつかの自分のタイミングを持ってるような人。正確無比に毎回同じタイミングで弾けるのも凄いですが、正確に叩いてる僕に対して早く絡みついたり遅く離れたり、たまにはピッタリ合ったり。楽しいし、こちらの感情も揺さぶられる。で、たまに僕を見てニヤッとする（笑）。音色に関しては、エフェクターが沢山でも、ファズが1個だけでも、その曲のその瞬間に一番似合う音をワチャワチャせずにスッと出せる**知識とセンスのあるギタリスト**が好きですね。繊細にギター本体のボリュームをコントロールしてたり、ピッキングの強さを変えたりしてたらなお良し。だってドラムは自分の力加減だけで音量・音色をコントロールしてるんだから、**ギターがエフェクターだけに頼るのはズルいよ**（笑）。

小畑ポンプ：【すかんち】のドラマーとして1990年にデビュー。現在はすかんち・電車・Glimrockers・ROLLY&GlimRockers・マルベリーズなどのバンド活動と並行し、ライブ・レコーディング、サポート・ドラマーとして活動中。http://obatapump.com

キーボーディスト
髙橋 大樹

　好きなギターの音は**「存在感、説得力がある音」**ですね。
　ロックならブリッジ・ミュートが重く響いてていいなぁとか、ドロップ（チューニング）のリフもきっちり聴こえてエモいなぁとか。
　踊れる系ならカラッとしててタイトなカッティング、すごくファンキー！とか。
　ギターって音色もスタイルもバリエーションがとても広いけれど、曲の印象付けな役割も大きいと思うんです。
　自分は鍵盤奏者なのでピアノのイントロとかとも通じると思うのですが、最初のリフだったり、パワー・コードを一発鳴らしただけでも無条件にカッコいい！って思える音、リスナーを期待通り説得させてくれる音が好きです。
　変にデフォルメしたり濁したりせず、**この音ははこうなんです！って振り切っている方**が良いな。

髙橋大樹：20歳より、キーボード・サポート／プロデュース活動を開始。SPYAIR、flumpoolをはじめとする数多くのライブに参加するほか、さまざまなアーティストのプロデュース、作曲、編曲を行なっている。また、映画やドラマの劇伴制作や、CMや各種ショーの音楽制作なども積極的に手がけている。

音楽プロデューサー
本間 昭光

アレンジャー
岩瀬 聡志

　作曲する初段階で、ギターの割合と種類は明確にイメージします。スチールなのかガットなのか、ストラトなのかレス・ポールなのか、など。加えてアンプの種類も考えます。

　編曲家はすべての楽器の知識に長けていないと最終的な仕上がりに不均衡が生じるため、「イメージ固め」は非常に重要です。

　基本的な話として、整ったチューニングでバランスの良いサウンドを求めますが、時にはギブソン・スケールのギターをかき鳴らした時のようなチューニングの揺らぎも必要なので、要は**ケース・バイ・ケース**です。

　やはり**自分が書いた楽曲を理解してくれている演奏には心を揺さぶられます**。作曲当初の解釈と違っていても、それが楽曲を理解した演奏であれば自分は受け入れるタイプです。

本間昭光：作編曲家、キーボーディスト、プロデューサー。ポルノグラフィティやいきものがかりなどを手がけ、現在は、家入レオの楽曲提供やサウンド・プロデュース、TVアニメ「ヲタクに恋は難しい」劇中音楽、「スカパー!音楽祭2018」音楽監督、テレビ朝日「関ジャム〜完全燃SHOW〜」出演など、精力的に活動の幅を広げている。

　昨今、スタジオ・レコーディングよりも、お互いにプライベートな環境で収録したオーディオ・ファイルをやり取りする機会が多いと思います。

　最新技術を駆使したシミュレーション・サウンドは大変素晴らしいのですが、やはり**本物のギター・アンプで音作りしている経験の有無がサウンドに影響する**と思いますし、他にもギターの各弦のチューニング、フレットなどが**仕事道具としてきちっとメンテされているか**、なども個人的には気になるポイントです。

　プロデュースする側の意図を汲み取ってくれて、「すてき!修正いらない!このまま使いたい!」と思えるギターだと最高です。もちろん山口くんもそんなギタリストのひとりだと思ってますよ！ そんなTIPSをぜひ別の機会にまとめましょう！

岩瀬聡志：東京生まれの茨城育ち。幼少期より鍵盤楽器と打楽器に親しみ、学生時代のバンド活動を経て音楽業界へ潜り込み、キーボーディスト&プログラマーで鍛えられ、バンマス・アレンジャー業でキャリアを積み、アラフィフの現在も様々なサウンドプロデュース、ライブサポートで活躍中。通称「奏でる中間管理職」。

PAエンジニア
遠藤"endrix"廣人

　PAの立場から見る"助かる音"とは？ 基本的なことになりますが、ディストーションでもクリーンでも、**ギター本来の音から逸脱しないこと**ですかね。ここがしっかりしているとバンドにおけるアンサンブルの向上にも繋がり、PAもしやすい状況になっていきます。

　またモニター環境にイヤー・モニターを取り入れるケースが増えてきていますが、イヤホンやヘッドホン・アンプの持つ特性を把握しきれないままギターの音色を作ってしまい、実際の出音(PA/Rec)を聴いてイメージと違うと嘆く結果になるケースが増えています。もうひとつは音量感。例えばアコースティック・ギターを弾く際、イヤホン上では"聴こえてしまう"がゆえに過剰にタッチが弱くなり(表現とは言え)アンサンブルにおいてはまったく聴こえない……というケースも。**表現における強弱にもある程度のレベル・キープは意識する必要あり**です(PAにも大きく影響してきます)。

　レス・ポール使い筆頭の(ジミー)ペイジ氏は、"音楽はいつだって世界中の人々の心に訴える最も強力な言語のひとつだ"と仰られております。

　ゆえにPAを司る私は、その強力な言語をただただストレートに観客に届けられるよう音と向き合っております。ギターにおいても**"自分の言葉＝音"を見つけ持つこと**が大事ではないでしょうか。

　機材力の向上は可能性や再現性を広げ音のクオリティを高めてくれています。その**機材力を使いこなす自力を地道に磨くこと**が独自のトーンを生み出すことへの近道ではと考えます。

　アンプに直結でも説得力のある音。まずはここ！

　そして良い音を生むには、**良い耳を持つこと**。トーンは耳で感じるものなので！

遠藤"endrix"廣人：株式会社コーストライン所属。3歳よりギターに触れ始め!……みたいなことはないが、一応ギブソン所有者。ジミヘンを崇めつつ、3大ギタリストから学びつつ。ふと思い立ち、Cross Roadの地を踏みに高飛びした経緯も。PAオペレーターとして国内アーティストを中心に従事し、近年はマーカス・ミラーをはじめとする海外アーティストにも従事。

レコーディング・エンジニア
熊手 徹

ギター・ビルダー
深野 真

　グッとくるといえば空気感ですね。音色、ピッキングも大事ですが、一番は**「部屋をどうやって鳴らすか」**です。

　レコーディングと言えばマイクを立てるわけですが、アンプの近くに立てるオンマイクの音は、それがよく鳴るように音色を作るので、良くて当然なわけです。

　問題はアンプから離れた場所に立てるオフマイク。

　オフマイクで聴いて、例えばT.Rexの「20th Century Boy」の冒頭のような**遠目で空気感があっても芯のあるカッチョいい音**が作れれば、録らずに帰っても大丈夫です。

　……嘘です、ダメです、ちゃんと録ります、ごめんなさい。

　グっと来るのは、**その人にしか出せない音で弾いてる人**。細かい話をすると、どんなピックを、どれくらいの強さで、どんな風に握って、どんな角度で、弦のどの辺を、どんなストロークで、どれくらい弦に突っ込んで、どんな強さで弦をヒットしているのか？　**そん時の顔も想像できるような音を出してる人。弦のテンション感を感じられる音を出す人が好き。**

　音のアタックと減衰、これは木金管楽器や打楽器でも出せるけど、フレッテッド・インスツルメント、特にエレキが出すアタック音は、エレキじゃないと出せない世界があると思う。「短音で1音、白玉弾きました！　さて誰が弾いたでしょう？」ってクイズやったら、**「誰か？」が一番音に出るのって、エレキ・ギターじゃないかな？**

熊手 徹：年齢不詳と言われがちな1984年、福岡生まれ。アシスタントとしてさまざまなレコーディングに関わり、2010年よりエンジニアとしてのスタートを切る。今井麻美、Rihwa、AKB48、SKE48、SDN48、NMB48、阿部真央、サラ・オレイン、フレンズ、広瀬香美、高橋みなみ、Mrs.GREEN APPLE、私立恵比寿中学などのアーティストからCM、ゲーム、ドラマのサウンドトラックまで幅広く携わる。

深野 真：日本で最初のエレキ・ギター製作学校を卒業後、その時の恩師に誘われたカスタム・ギター工房で、エレキ・ギター&ベースの、修理、木工、塗装、組み込み、調整、ピックアップのワイヤリングなどを経験し、1998年に東京の下町に自身の会社である、（有）フリーダムカスタムギターリサーチを設立。今年で創設20年を迎える。

リペアマン
駒木 敦

エフェクター開発者
齋藤 和徳

　私は、「その楽器の設計意図に沿った『弦鳴りなのか、ボディ&ネック鳴りなのかのバランス』と『倍音の構成比』に物理的な整合性があって、**その上でそれら理屈抜きでも弾き手の気持ちを高揚させる」楽器**が好きです。

　技術者ですから、物理学できっちり説明できる要素は必須ですし、同時に「音楽」ですから、頑張ってバイトして買ったから音が良いみたいな「気持ちで音が3割増し(笑)」的要素とを両立させたい。

　ですから、「私はミュージシャンの感覚的要素を理解した上で、完璧に物理で音が造れる技術者」であり、**「物理的な理解もあった上で、弾く時はそれを全て忘れて感覚で鳴らせるミュージシャン」**と仕事できるのが理想のリレーションでしょうか。

　いい音といってもいろいろありますが、設計では重視することが2点あります。ひとつめはワイド・レンジにしすぎないこと。

　レンジが広いと単体で弾くのには気持ちいいですが、アンサンブルの中ではベースやシンバルと音がぶつかって、かえって抜けが悪くなります。**狭いレンジの中でどこに特徴を持たせるかが大事**だと思います。

　もうひとつは**歪ませすぎない**ということ。ゲインが低くても倍音の混ざり具合で歪んだように聴こえる（けど、それ程歪んでいない）というのが大切だと感じています。

　とはいえ、基本的には真空管アンプに突っ込んでデカい音を出したら、大体いい音しますけどね（笑）。

駒木 敦：ヴィンテージ関連からキャリアをスタート。雑誌掲載用など、オーダーメイド製作、アーティスト・リレーション、講師業務、店頭リペア業務などを経て、現在は開発から海外工場での技術指導までを手がけている。海外アーティストからスペインの伝統的な製作現場まで高い信頼を得る国際派。入門書やDVDへの出演、ラジオへの出演など、その活動の場をどんどん広げている。

齋藤和徳：Soul Power Instruments 代表。2007年より静岡市にてオリジナル・エフェクターの製作とモディファイを行う。多くのプロ・ミュージシャンの機材製作に携わる一方、執筆活動も行う。著書『エフェクターの設計と製作』。

アンプ・ビルダー
赤木 篤久

ギターショップ・オーナー
重浦 宏太

エレキ・ギターといえども、木材の違い、指弾き、ピック弾きの違いなどのニュアンスが聴き取れる、**アンプとギターの良さを生かした音、ストレートな音色**が好物です。エフェクターを多用したり、歪ませすぎて音の芯がなくなるようなトーンには食指が伸びないですね。

素直にギターの特性とアンプの特性、弾き手の技量から出てくる音が説得力があるように思います。

難解な楽曲にも昔は興味があったのですが、製作作業をしながら聴いていると、どうにも手が止まってしまうような楽曲は避けるようになってきました。

歌心がありグルーヴが感じられるギターが好きです。

店舗を開設し10数年、数多の試奏客を接遇してきましたが、やはり**ピッチ感とリズムがしっかりしている人は良い音色を出す傾向**にありますね。

例えば"なんちゃって1人ルーパー・プレイ"っていうか（笑）、バッキングを弾いて、それにリードを重ねていくような試奏をする人は「お、やってんな」と心の中で思います（笑）。

その他、稀にですけど、他の人よりずっと太い音を出せる人が来店する時があります。そういう時は密かに心躍りますね。なんていうか**"動物的本能トーン"**ってあるんですよ。凄くフレーズ愛に裏打ちされたものを感じるっていうか。

ああいうプレイができるようになれたら良いですね。多分両手のタイミングなんかも、考える前に、もうできちゃってるんだろうなぁ……。

赤木 篤久：某電気メーカーの会社員時代から時間を見つけては真空管アンプ、エフェクターを作成していたが、どうにも趣味がこうじて堪らずに、7年前に会社を早期退職してAKG工房を立ち上げ、アンプ、エフェクターを設計、木工にいたるまで、一貫製作を行ってます。ギター作成も行っており、世界征服を目指している最中。

重浦宏太：2003年創業の国内屈指のハイエンド・ブランド・セレクト・ショップ『Bottom's Up Guitars』の創業者。東京と福岡に店舗を構え、国内外に多数の顧客を持つ。ハイエンド・アマチュアからワールド・ツアーを行うミュージシャンまで幅広い層の楽器を手がけている。モットーは、本質と真実を大切にすること。

音楽テクニカルライター
布施 雄一郎

©ふせゆみ

What`s your favorite guitar sound？

　クリーン／歪みと、音色の好みに関しては十人十色でしょうが、アタックとリリース、すなわち音の立ち上がりと消え際に"色気"や"きらめき"を感じるプレイは、個人的な音楽的な嗜好という域を超えて、聴き手の心に迫ってくるものがあると思います。

　ではなぜ、そこに魅力を感じるのかと考えると、アタックとリリースは、ギタリストの右手と左手の動きがダイレクトに音へと反映される部分であり、つまり、音から指の動きが見えてくることで、そこにギタリストの存在を強く感じ取ることができるからです。

　惜しくも亡くなられてしまった大村憲司さんのプレイを聴くと、今でも憲司さんが目の前で弾いているかのような気配を感じます。

布施雄一郎：音楽テクニカルライター。楽器音響学／音響工学／音響心理生理学など「音」について多彩な視点で学び、楽器メーカーでシンセサイザーの開発・設計業務を手がけた後、ライターに転身。現在は、音楽誌や機材誌を中心に、学術的なバックボーンを活かした執筆活動を行っている。

「音作り」のために知っておきたいギター・アンプの基礎知識

エレキ・ギターを生音で弾いても演奏はできますが、本来の意味でのエレキ・ギター演奏をするためにはエレキ・ギター本体だけでは成立せず、必ず「ギター・アンプ」が必要となります。それは単純に「エレキ・ギターのピックアップから送られる微弱な電気信号を増幅して大ホールに響くような大きい音に出す」というような役割だけでなく、**それが音楽的なサウンドになるように調整して効果を加える**ことになり（このあたりがいわゆるオーディオ・アンプとの違い）、まさに楽器そのものなのです。

つまりエレキ・ギター本体をコントロールすることと同じように、ギター・アンプをコントロールすることもギタリストには必要不可欠な技術といえるでしょう。

ギター・アンプを構成する要素は大まかに3つのセクションに分けられます。

ひとつ目が「**プリアンプ**」。電気信号を音楽的なものに変えてくれるセクションです。ここはギタリスト自身が主に調整できる部分でもあります。

2つ目が「**パワー・アンプ**」。プリアンプ部分で音色調整された信号を電気的に増幅してくれるセクションです。

3つ目が「**スピーカー（スピーカー・キャビネット）**」です。ここで初めて空気を震わす「音」になります。

一般的に私達はこの3つの要素を合わせて「ギター・アンプ」と呼んでいます。

ギター・アンプの種類

一口にギター・アンプと言っても、さまざまな形、種類があります。扱い方を覚える前に、それぞれの特色を理解しておくと良いでしょう。

・コンボ・タイプ

プリアンプ、パワー・アンプ、スピーカー、3つの要素がひとつのキャビネット（箱）に収まっているギター・アンプをコンボ・タイプと呼びます。

必要な要素がひとつにまとまっているため、アンプ設置などのセッティングに手間がかからないというメリットがあります。1937年に登場した、ギター・アンプとしては最古の部類になるRickenbacker製のギター・アンプM11も、このコンボ・タイプ。ギター・アンプの基本となるタイプです。

・スタック・タイプ

プリアンプ、パワー・アンプが収まったアンプ・ヘッド部分とスピーカーが収められたキャビネット部分がそれぞれ独立しているものはスタック・タイプと呼ばれ、通常はキャビネットにヘッドを積み上げる形で使用します。要素が分離しているため、それぞれの組み合わせを変更しやすい、キャビネットそのものの鳴り（箱鳴り）が得やすい、メンテナンスがしやすいなどのメリットがあります。

特にレコーディング時は、キャビネットが設置されたレコーディング・ブースの外に接続されたアンプ・ヘッドをコントロールしながら音作りや録音ができるため、特にモニタリングの面でとても有利です。大音量のギター・アンプと同じ部屋（レコーディング・ブース）に入ってしまうと、アンプから出ている音がヘッドホンからのモニター音に干渉してしまい、ピュアなモニタリングが難しくなるからです。

もちろんフィードバックを得たい、あるいは臨場感優先の場合は積極的にキャビネットと同じ部屋に入って演奏します。

・スモール・タイプ

一般的なギター・アンプは、大きなステージで演奏する目的で作られており、本体も音も大きいものです。そのような場合は心強いのですが、小さなクラブでの演奏や自宅での個人練習などではどうでしょう？　多くの場合、スペースを取りすぎてしまったり、音量が大きすぎたりと不便な場面が出てきます。

そういった場合は無理せず小型のアンプを使うことで、心地よい演奏環境が得られます。小型アンプの多くはコンボ・タイプですが、中には通常よりもサイズの小さなスタック・タイプなどもあり、キャビネット交換など、マニアックにアンプ演奏が楽しめるものもあります。

近年では自宅練習を本体だけで完結できるように、チューナーはもとより、エフェクターやルーパー、バッキング・トラック、ブルートゥース（外部端末でパラメーターを操作可能）、ワイヤレス・レシーバーまで内蔵したものが数多くリリースさ

れています。そういったアンプを使って気に入ると、往々にして「ステージでも使いたい！」となりますが、ステージ環境ではドラムや他の楽器の音量に負けてしまう可能性が高く、使用は難しいでしょう。スモール・タイプでステージに必要な音量を出そうとした場合、アンプ自体の余裕がなくなり、特にクリーンなサウンドを得るのは至難の業となります。

・デジタル・シミュレーター・タイプ

　ギター・アンプのサウンドをデジタル技術でシミュレートする、いわゆるアンプ・シミュレーターが一般的になって久しいですが、技術の進歩とともに**実際のアンプ・サウンドと遜色ない**……どころか、それらを模倣するにとどまらず**新たなサウンドすら追求できる**シミュレーターが多数登場しています。もはや代用品ではなく、選択肢のひとつとなり、プロの現場でも当たり前に使用されています。

　一般的には多数のギター・アンプのサウンド（ツマミの挙動具合までコピーされている！）が収録されているだけでなく、アンプの設定、真空管の種類、キャビネットの選択、マイキングなどの設定のすべてをトータル・リコール、すぐ呼び出すことができます。そのため、それらを瞬時に切り替えながら弾くという、現実の機材では難しい演奏も可能となりました。そしてそれらの設定をユーザー同士が共有、販売するという新たなコミュニティも生まれ、日々進化を続けています。

　ライン出力できるため、そのまま PA への出力も可能。このタイプは「プリアンプのセクション」としての形態が多く、通常のアンプのように音を出す場合には別途パワー・アンプやキャビネットを用意しなければならないことが多いです。

・チューブ・アンプ VS ソリッドステート・アンプ

　内部の回路に真空管を使用するものをチューブ・アンプ、トランジスタを使用するものをソリッドステート・アンプと呼びます。昔ながらのチューブ・アンプのサウンドは真空管から生まれる歪みによって**豊かな倍音を含んだ「暖かい音」**と表現されます。対してソリッドステート・アンプは歪みの少ないクリアなサウンドを得意としていて**「冷たい音」**と表現されることがあります。

　「ギターがうまくなりたければチューブ・アンプで練習するべきだ！」、昔からよく聞かれる言葉です。それは、演奏のタッチやコントロールが反映されやすい、「ブレイクアップ・ポイント」と呼ばれる、アンプのトーンが歪みだす or その直前のポイントがあるのですが、チューブ・ア

ンプはそれがなだらかに幅を持って分布しているからです。たしかに電気的な回路の仕組みによって以前まではそういう傾向にありましたが、先に述べたシミュレーターの技術の進化により、**聴感上はチューブとソリッドステートのサウンドの差は、今やほとんどなくなりつつあります**。

チューブかソリッドか？よりも、**そのモデルごとの音の差異を判断・選択する**のが現代のギタリストのマナーでしょう。ただしメンテナンスに関して言えば、どうしてもチューブ・アンプはやや難しい面があります。音が出るまでのアイドリング、真空管の劣化による交換、発熱の対処など、ケアすべき事柄が多く、その部分も加味しながら用途によって使い分けるのがベストです。

各ブランド紹介

・フェンダー

ギター・ブランドとしてお馴染みのFenderはアンプも製作しています。フェンダー・アンプの特徴といえば、やはり**「太く弾けるようなクリーン・サウンド」**という人が多いでしょう。アメリカン・サウンドの代表的ブランドであり、Mesa/Boogieなど、その後に登場する多くのメーカーに多大な影響を与えています。

その中でも目にする機会が多いモデルが、12インチ・スピーカーが2発搭載された「Twin Reverb（ツイン・リバーブ）」です。**豊かなミッド・レンジと過不足のないロー・エンド、弾力のあるサウンド**は、これぞコンボ・アンプというお手本のサウンド。

クリーンがしっかり出るということは、多くのプロ・ギタリストがアンプを選ぶ際の1番重要な要素となります。なぜかというと多くのプロ・ギタリストはさまざまなジャンルや曲を演奏して**多種多様なサウンドを求める**からです。そういったサウンドは（最もシンプルかつ各音色のバランスを取りやすいため）エフェクト・ペダルで完結させて作りこまれることが多く、**腰のあるクリーン・サウンド**というのはそれらを受け止め、再生するために必要不可欠な条件なのです。

もちろん「Super-Sonic」「Hot Rod Deluxe」などの「歪む」アンプ※もラインナップされており、その**粘りのあるサ**

Fender Twin Reverb

ウンドはブルースやクラシックなロックにフィットします。

※特に歪み用チャンネルのないクラシックなアンプも、音量を上げれば「ならでは」の歪みを得ることができますが、大音量ゆえコントロールが難しくあ、現代では歪みチャンネルが搭載されたものを選ぶのが一般的です。

・マーシャル

ロック・ギターのアイコンとも言えるブランドであり、「**ラウドで切れ味鋭いディストーション・サウンド**」が特徴です。いわゆるブリティッシュ・サウンドの代表的ブランドであり1962年に12インチのスピーカーを4発搭載したキャビネットを発表して以来、スタック・アンプならではの**箱鳴りと迫力のあるロー・エンド**で、ロック黎明期からハード・ロック、ヘヴィ・メタルといったギター・ミュージックの進化を支えてきました。

その中でもJCMシリーズはスタック・タイプ定番の機種です。JCM800は**80年代メタル・サウンド**、JCM900は**90年代のよりハイゲインなドライブ・サウンド**で一世を風靡した機種で、現在でもロック・シーンで活躍し続けています。続くJCM2000ではパワー管（パワー・アンプ部の真空管）にEL34を使用、伝統的なマーシャル・サウンドに回帰します。その耐久性の良さもあり、現代の国内のリハーサル・スタジオで最も多く設置されているタイプなので、マーシャル・サウンドといえばこのJCM2000をイメージするギタリストも多いかもしれません。

現行ではより多くのチャンネル数やサウンド・バリエーションを持ったフラッグシップのJVMシリーズやモデリングの技術を導入した新世代のギター・アンプもラインナップしており、現在も進化を続けています。

Marshall JCM2000

・ローランド

ソリッドステート・アンプの認知度では、Rolandの「JC-120」の右に出るものはありません。**濁りのない圧倒的にクリーンで癖のないサウンド**は、切れ味、エフェクトの乗りも抜群で、クリーン・サウンドの基本となっています。ローランドは、ギター関連以外にシンセサイ

ザーやエレクトリック・ドラムまで広く扱うブランドであり、その保有するノウハウは多岐に渡り、モデリングやエフェクトの革新的な技術でアンプを進化させ続けています。

近年では、音にうるさいエリック・ジョンソンやロベン・フォードといったギタリストを納得させるサウンドをソリッドステートの「Blues Cube」シリーズで実現したことも話題となりました。

RolanD JC-120

・その他

1966年、圧倒的なレスポンスの良さを誇るクラスA駆動の名機であるAC30をリリースした「VOX」、1977年にBoogie MARK Iをリリースしてコントローラブルなハイ・ゲイン・アンプの先駆けとなった「Mesa/Boogie」、1971年リリースのOrange製GRO100はオレンジ色の鮮烈なデザインでロック・ステージを彩り……エレキ・ギターの歴史上

は数多くの偉大なアンプ・ブランドが存在します。

モデリング・アンプが隆盛の現代ですが、やはり**本物を知り、頭のサウンド・ライブラリーにストックする**ことは**「出したい音を出すために」重要**だと思います。

・シミュレーター系

90年代後半、LINE6がハードウェア・アンプ・シミュレーター「POD」をリリースして、その「らしい」サウンドと利便性で一世を風靡して以降、各社からも同趣向の製品リリースが相次ぎ、シミュレーターの進化の勢いは現在もとどまることがありません。

長期に渡ってフロアタイプ・マルチ・エフェクターの代表としてステージ上のギタリストを支えてきたBOSS「GT」シリーズ、圧倒的なエフェクト構築力で他に類を見ないFractal Audio Systemsの「Axe-Fx」、プロファイリングというまったく新しい手法で魔法のようにアンプ・サウンドをコピーしてしまう「Kemper」、PODのDNAを受け継ぐLINE6の「HELIX」シリーズなど、数多くのクオリティの高いシミュレーターの中から選び放題な時代になりました。

ハードウェアだけでなく「GUITAR RIG」「AmpliTube」「BIAS AMP」などのDTMホスト・アプリケーション上

でプラグ・イン・エフェクトとして使用するソフトウェア・シミュレーターも進化を続けており、何年後かには実アンプの存在自体が疑われる時代が来るような感覚さえ覚えてしまうほどです。それぞれクセや特色はあるものの、**どの機材も「リアル」なサウンドを作り出すことができ**、何不自由なく多くのアンプ・サウンドやエフェクト効果が手軽かつ本格的に扱えるようになりました。反面、**どういう音色で弾けばよいかわからない、どの音が好きなのか？どう作ればいい？という悩みをかかえるギタリスト**も多く見受けられるようになりました。こういう時代だからこそ「自分の音色を出す技術」というものが、より重要になってきていると感じます。

スピーカー

アンプに搭載されているスピーカーにもさまざまな種類があり、**それぞれサウンド傾向があります**。マニアックかもしれませんが、やはり**最終的な音の出口**なので実は影響度はかなり高めです。ここを意識的に選択すれば、**ギター、アンプのツマミを工夫しても得られなかったサウンドが、ポン！と手に入ってしまう**こともあるでしょう。

・積載数

スピーカーの積載数は、音的にも見た目でもわかりやすい違いです。積載数は1発、2発、4発が一般的で（アンプの積載スピーカーを数える単位は「発」を使う場合が多いです）、数が増えるごとに迫力のある「音圧」が得られる傾向があります。**最も迫力のある音**が得られるのは4発ですが、逆に少

Kemper Profiling Amplifier

GUITAR RIG

音量ではポテンシャルを生かしきれず、**奥に引っ込んだような音**になり、音量、トーン・バランスの調整が難しい場合もあります。これは各スピーカーの音が相互的に影響を与える「フェイズ・キャンセレーション」などの問題で、同スピーカーを2倍、4倍にすれば**同じ特性でパワーを増幅するわけではない**ことを意味しています。対して1発、2発は迫力では4発に譲るものの、音量の取り回しもよく、**音作りはしやすい**です。スピーカーを鳴らすエネルギーも少なくてすむため、ピッキングの反応的にも「速い」感触が得られます。

・口径

スピーカー自体の大きさは「口径」で表します。8、10、12、15インチが一般的で、口径が小さいほど**高域が出やすく繊細**、口径が大きいほど**レンジが広く迫力がある**傾向です。小さい8インチで**クリアで迫力ある低域**の再生はやや不安ですが、大きい15インチではコーンが大いため空気を送り出し音にするのに時間がかかり、繊細なギタリストならタイムラグを感じることもあります。**一般的なクリーン・サウンドやディストーション・サウンドを余すところなく再生させるなら、10〜12インチ**を選ぶのが良いでしょう。

・ブランド

マーシャルやヴォックスに搭載され、ブリティッシュ・サウンドの一端を担う「**セレッション**」、フェンダー・アンプを中心にアメリカン・アンプに搭載され続ける「**ジェンセン**」、それを引き継ぐように登場した「**エミネンス**」。この3つがギター・アンプのスピーカー3大ブランドでしょう。そのキャラクター分類は一概には言えませんが、セレッションは**高域**、ジェンセンは**中音域**、エミネンスは**低域**がよく出るスピーカーという印象です。動画サイトなどにも多数の比較動画がアップされているので興味がある人はチェックしましょう。

・ワット数

ワット（w）数はアンプを駆動させるために必要な電力のこと。そのアンプの最大音量を図る大体の目安で、アンプを選ぶ際の参考になります。練習用なら5w〜10w程度で十分ですが、ステージや他の楽器とのリハーサルで使うなら、もう少し余裕が欲しい所。**ある程度いろいろな環境に対応させたいなら、30w程度**にしましょう。まあPAの発達した現在、60wあれば東京ドームでもどこでも大丈夫です。つまり「将来でっかい会場で演奏してやる！　だから買うアンプは100w以上しかない！」なんてことはありません。むしろ100wでは大

音量になりすぎるのでボリュームを上げきれず、アンプ本来のサウンドを出せないこともあります。つまりプロ・ギタリストの環境でもアンプのポテンシャルを引き出すことを考えれば最適なワット数は30w〜60wと考えられます。ただしあくまでそのレンジのアンプがスウィートスポット（出力管が適度な信号を受け飽和感が心地よい倍音を生む状態）を狙いやすいだけで、100wのアンプがトゥーマッチでダメというわけではありません。100wのマッチョな大型スタックを大きなステージで爆音で鳴らすロマンはありますし、見た目の演出効果もあるでしょう。**いろいろな点を理解した上でその音や見た目が気に入れば問題はありません**。気をつけなければいけないのはゲイン・ツマミが付いていないヴィンテージ・タイプのアンプ。音量に対しての歪み方の差がワット数によって大きい（ワット数が大きいほど歪みにくい）ので、使用環境によって、まるで違うアンプのように振る舞います。ゲイン調整が自由な現代のアンプに比べ、使用できる場面がワット数で限定されやすいので、より慎重に選ぶ必要があります。

オープン・バック or クローズド・バック

スピーカー・キャビネットにはバック・パネル（背面パネル）が開いていて中のユニットが見えるオープン・バックとガッチリと閉じてユニットが見えないクローズド・バックの2種類があります。

・オープン・バック

パネルが開いているため、アンプ全体から音が鳴る感覚があります。そのため、アンプを低い位置に置いてもモニタリングしやすいでしょう。全体的にサウンドはマイルドな傾向、指向性も低下するので客席に音がピンポイントで刺さりにくく、特に小さめのライブ空間では重宝します。

・クローズド・バック

パネルが閉じているので前面からの出音がより強くなります。サウンドはタイトで指向性もあり、PA環境が整った場所ならばステージ内の音を整理しやすいメリットがあります。音が直線的に前に飛ぶのでアンプの位置や方向の調整には、より気を配る必要があります。

自宅でギターを練習する時のアンプ・セッティングは？

　誰にでも当てはまる、決まった練習時のベストなセッティング・パターンというのはありません。

　ただしエレキ・ギターでは、クリーン・セッティングとディストーション・セッティングという異なったセッティングでは全く別の楽器になると言っても過言ではなく、もっと言えばそこに空間系やモジュレーション系エフェクトがかかっているかどうかでも演奏のフィーリングは変わっていまいます。

　ワウ・ペダルなんかの場合、少し練習しただけではうまく感じを出せませんよね？他にもディストーション＋ディレイのサウンドでのギター・ソロをコピーする時はやはりそっくりなサスティーンのある音で練習するに限ります。つまりそういった、それぞれの要望がかなう環境がベストということです。

　前述の通り、特に**音色が「クリーン」なのか「歪み」なのかによって演奏の感覚は別世界です**。

　それぞれの特徴は…

・クリーン・セッティング
・アタックが目立つ　**※ピッキング・ニュアンスを確認**
・ミス・タッチがわかりやすい　**※フィンガリングとピッキングのタイミングの確認**
・音の分離が良い　**※コード・ワークの確認**
・ハーモニクスが出にくい　**※カッティングの確認**

・ディストーション・セッティング
・音が伸びる　**※ヴィブラートなどのテクニック、休符の確認**
・ノイズが出やすい　**※ミュートの確認**
・ハンマリング、プリングの音が出やすい　**※レガート演奏の確認**
・ハーモニクスが出やすい　**※ピッキング・ハーモニクスなどのテクニックの確認**

このように特徴をあげてみると、それぞれのセッティングで、どの点に気をつけて練習すべきなのかがわかります。

あと重要なのは整える環境の「方向性」でしょう。
　例えば本番に限りなく近い環境を目指す……つまりギター・アンプを大音量で鳴らして、ドラムがあってベースがあって目の前にはモニター・スピーカーがあって……となるとライブハウスを用意するしかなくなります。
　こちらはある程度妥協点を見出し、「簡単に練習が始められる」環境を目指すほうがベターでしょう。例えばヘッドホン端子付きのアンプを使っての**時間帯に左右されない環境**、毎回セッティングに手間取らないように部屋の片隅に**万年練習用セッティングを作っておく**など、できるだけ練習のストレスを無くすことが上達に繋がります。
　BOSSのJS-10など、マルチ・エフェクター／レコーダー／バッキング・トラックといった練習に必要なものがひとつに収まった大変便利な機材も市販されていますので活用してみましょう（筆者も愛用しています）。

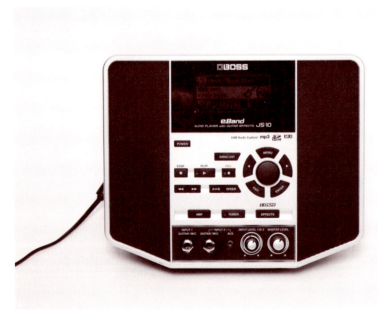

BOSS JS-10

アンプの各ツマミの「音作りポイント」

ボリューム

音量をコントロールするツマミです。これの上げ下げによって、単純な音量の増減だけではなく、「歪み」「周波数バランス」「箱鳴り感」など、**いろいろなパラメーターが変化する**ところがミソです。

例えば「音がぼやけたようで高音が足りないな」と感じる場合、**トレブルを上げるのではなく、少しボリュームを上げるだけでくっきりとしたトーンに変化する**場合があります。これはトレブルを上げた場合とでは変化後の音色の雰囲気が異なるので、注意深く調整方法を選択する必要があります。

ゲイン

歪みの量をコントロールするツマミです。クリーン・サウンドを作る場合は、このツマミは「0」が基本ですが（ある程度上げないと音が出ないアンプもあります）、**線の細いクリーン・トーンになってしまう時は少しだけゲインを上げて**セッティングしましょう。少し多めに上げたボリュームとやや抑え気味のピッキングを併用してコントロールすれば、**存在感のあるクリーン・トーン**が得られることが多いです。

ベース

20Hz ～ 200Hz あたりの低音域を調整するツマミです。参考としてギターの 6 弦開放 E 音は 80Hz 周辺であることを覚えておきましょう。ですので6～5弦をミュートしながら弾いた時に嫌な膨らみ（楽器のベースの音とかぶるような音）があれば、ベース・ツマミの音域は一度ばっさりカットしてみましょう。ギター単体のサウンドとしては**少し頼りないかな？と思うくらいでアンサンブルではちょうど良い**です。特に低音域はエネルギーの高い音域なので繊細に調整すべきです。

ミドル

300Hz ～ 1KHz あたりの中音域をコントロールするツマミです。ギターの音域は、**ほぼほぼこのあたりの周波数帯域**に収まっています。また人の声を聞きやすいようにチューニングされているという「人の耳」は、特にこのあたりの周波数を聞きと

りやすいため、音色の印象としても**非常に影響がある音域**です。

　ギターの音が**鼻の詰まったようなココココ……というような音の時**はややミドルを下げると**スッキリとしたトーン**になり、逆に**ドラムの音にかき消されてしまうような時**は少し持ち上げると**コシのあるヌケの良いトーン**を作ることができます。

トレブル

　1KHz ～ 2KHz あたりの高音域をコントロールするツマミです。

　ピックが弦に当たった時や擦れた時の音が耳につく時はこのツマミを**下げて**調整しましょう。逆に言うとピッキング・ニュアンスを作る周波数帯域でもあるため、ここを下げすぎると**表情のない平坦な音になってしまう**ので注意しましょう。

プレゼンス

　2KHz 以上の超高音域をコントロールするツマミです。

　音に**妙な硬さ**や**閉塞感**を感じるようであれば迷わず**上げましょう**。ただし通常のアンプのコントロール・ツマミの場合は、設定周波数のみの明確なコントロールはできず、**他の周波数にも影響を与えます**。このプレゼンスも上げすぎるとトレブルの音域まで引っぱり上げてしまい、キンキンしたトーンを作る場合があるので、その時はトレブルを下げるなど、**他のツマミとの合わせ技**でコントロールします。

リバーブ

　残響音の量をコントロールするツマミです。伝統的なギター・アンプではスプリングを使ったリバーブ・ユニットを搭載することで心地よい残響音を得ています。

　ただしあまりリバーブの量を多くしてしまうと**原音がぼやけすぎて**しまい、大浴場の中で弾いているようなサウンドになってしまうため、特殊な事情がなければ、**ほどほど**にしておくよう心がけましょう。あくまでバンドのアンサンブルに合った調整を意識して**自然なサウンド**になるよう心がけます。

アンプでの音作りの基本とは？

適切な音量

　先に述べたように、アンプのサウンドは**音量によって印象がガラッと変わってしまいます**。練習にちょうど良い小さめの音量でセッティングを作り込んだのは良かったけれど、本番でボリュームをぐっと持ち上げたら全然思ってた音と違ってしまった……という事態はよくある話です。

　音作りを始める前に、まずは**そのシチュエーションに合った音量をざっくりと決めておきましょう**。そこから各ツマミを調整していって音量が変わってしまったらヴォリュームの調整、そして各ツマミを微調整……というサイクルを繰り返しながら理想のサウンドに近づけていきます。

モニタリングする位置

　あるある Q&A にも書きましたが、「良い音が出てるなあ」なんて言いながら気持ちよく演奏していたのに目の前で座って聴いていた人から**「音がキンキンして耳に痛いよ」**なんて言われたことはありませんか？　これは「モニタリングの位置による聴こえ方の違い」のせいかもしれません。ギター・アンプのサウンドは、聴く位置によっても変化します。

　例えば屈んでアンプの（スピーカーの）目の前に顔を持ってくれば**「はっきりくっきりしたピュアなトーン」**、そこから立ち上がるに連れて**「こもったトーン」**へと聴こえ方は変化します。つまり立っている状態ではベストなバランスのサウンドに聴こえたのに、実際にアンプから出ているサウンド（**スピーカーの前で聴こえる音＝マイ**

クで拾う音）はバランスが悪かった、ということが起こってしまうのです。

　ライブやレコーディングなどのシチュエーションでは**アンプのスピーカーにマイクを向けて集音します**。ですから客席に聴こえる音を自分のイメージ通りのサウンドに近づけるためには、マイキングしている位置まで頭を近づけてサウンドを確認するようにしましょう。

基本はオール5

　「このアンプはツマミ位置が0でフラットなセッティングなんだよ」「いやいや10がフラットな設定で、そこから削っていくんだって」……みたいなやりとり、ギタリスト同士でよくある議論のひとつです。

　たしかに基準となるツマミの位置はアンプによってさまざまで、中には0の位置だと音が出ないものまであります。

　でもまぁまどろっこしいので、この際決めておきましょう。

　「どのアンプでもセッティングは5（真ん中）から始めるべし」。

　その位置であれば「音が出ない」ということも少ないですし、そこから上下に調整の幅が最も大きくとれるので、特に**初見のアンプの場合はセッティングの時間を短縮できる**はずです。オール5で明らかに極端な音が出てしまった場合でも、**突出したピークを削ったり、足りない帯域を補うようにセッティング**すれば、聴感上のフラットなセッティングにはたどり着けるはずです。

　あくまでも**「自分の耳でのセッティング」**を忘れないようにしましょう。

各ツマミの音色変化具合をよく知る

　ベース、ミドル、トレブルという共通用語で分けられてはいますが、変化する周波数帯域が規格として統一されているわけではなく、**各アンプによって変化する周波数帯域はバラバラ**です。

　例えばよくある「だまし」のタイプは、「ミドルのツマミを調整すると、一般的に言うトレブルあたりの帯域が変化する」「トレブルのツマミの帯域が一般的に言うプレゼン

スの帯域」……というものです。「だまし」というか、単にそのアンプはそういう設定の仕様というだけで何の不思議もないことなのですが、とにかく**「この名称だからこの帯域」という思い込みだけで音作りに望むとろくなことがありません**。

　そういった先入観を捨てるためには、まず**それぞれのツマミを0や10に思いっきり回してみて「どの帯域がどのように動くか」を自分の耳で確認**してみましょう。そこで確認できた変化帯域に応じて、自分のイメージの音を探せば速やかにセッティングを決めることができます。

「0にする」「10にする」を怖がらない

　アンプのツマミが5、6、5、4……とおよそ真ん中あたりだったり、ツマミのドットや彫線が数字などの表示にピッタリと合っていると安心したりスッキリした気分になりませんか？　実はコレ、**落とし穴**なんです。

　そういう感覚で調整している人は大体**「耳」で音作りしておらず、「目」で音作りしてしまっている傾向**があります。「すごく低音が膨らむんだけどベース0はちょっとやりすぎな気がするから3くらいにしておこう」「全然ピッキングが聴こえてこないんだけど、トレブル10は流石に変だろうなあ（何が？）8ぐらいで我慢しよう」……などなど、心当たりがありませんか？　こうなってしまったら、もう**自分のサウンドにたどり着くことはできません**。

　具体的な話をしておきましょう。フェンダーのHot Rod Devilleは優秀なアンプですが、かなり低音が強力なアンプなので筆者はいつもほぼ0までベースを下げて使用しています。**自分のイメージと耳を信じることができれば、極端な（数値的には極端に見える）セッティングだって怖くありません。**

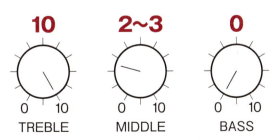

こんなセッティングでも出音が良ければ問題なし！

105

アンプ別で考える、音作りのポイント

ローランド JC-120 があったらどうする？

ch1 / ch2

まずギターをどこにつなぐ？

　JC-120には「エフェクトのないシンプルなch1」と「コーラス、ディストーションなどのエフェクトが使用できるch2」という独立した2つのチャンネルがあり、それぞれにインピーダンスが違う「**HIGH（①）**」「**LOW（②）**」のインプットが装備されています。

　足元のエフェクターのみで音作りする場合は回路がシンプルなch1に、JCの**内蔵エフェクト効果も使いたい場合はch2**につなぎましょう。

　そしてギターの出力によって「HIGH」「LOW」のインプットを使い分ける（ギターの出力が大きい場合はLOW）とされていますが、**特殊な場合を除いて「HIGH」で問題ない**です。ただ**音量変化などの面で取り回しがしにくい場合**（ボリュームのツマミ2くらいでも結構な音量になる場合がある）は「**LOW**」に差したほうが扱いやすいでしょう。

ツマミの設定はどうする?

まずは**ボリューム（④）を2〜5**に、**EQ ツマミ（⑤〜⑦）はセオリー通りのオール5**にセットしてから余分なところ＆足りないところをカット＆ブーストしていきましょう。JC は低音が十分出るアンプなので**ベース（⑦）を5よりブースト方向で調整することは稀かもしれません**。

ブライト・スイッチ（③）というスイッチがあり、それをオンにすると**かなりシャープ＆トレブリーなサウンド**が飛び出します。スピーカーがかなりヘタっている場合、またはかなりこもった性質の音色のギターでなければ、少し極端なサウンドになってしまうかもしれません。その場合はトレブルのツマミを下げてみたり、**トレブルを併用させて調整する**ことで、さらに細かなサウンドメイキングができます。

ch 2のエフェクトはどうする?

アンサンブルに溶け込みやすくなる**リバーブ（⑨）**は重宝するはずです。ツマミの位置は1〜2程度であれば、リバーブをかけっぱなしでも邪魔にならず、自然なフィーリングが得られるでしょう。

ディストーション・ツマミ（⑧）は名前のイメージよりも**歪みは浅く、ナチュラルかつミッドにピークを持つクラシックなオーバードライブ**という雰囲気の歪みです。ここをフルアップにして手元のボリュームで調整しつつブルージィに演奏する、またはクリーン・サウンドねらいだとしてもあえてカチッと目盛り1の状態（0から1へクリック・スイッチを入れて**ディストーションがオンになった最小歪みの状態**）にすることで、通常のクリーン状態では得られない**厚みのある倍音感**を得ることもできます。

内蔵コーラスやビブラート（⑩）の効果も独特な美しさがあり、積極的に使いたいところです。特にコーラスは2つのスピーカーで実際に空間合成を行う「コーラスの元祖」ともいえるタイプです。一度は体験してみることをお薦めします。

マーシャルJCM2000があったらどうする?

どのチャンネルを使う?

　JCM2000は、クリーンからクランチ・サウンドを得意とする「**クラシック・ゲイン・チャンネル（チャンネルA）（★）**」、伸びやかなリード・サウンドを得意とする「**ウルトラ・ゲイン・チャンネル（チャンネルB）（☆）**」の2つのチャンネルを装備しています。

　さらに各チャンネルごとに**モード選択ボタン**が付いています。

　「クラシック・ゲイン・チャンネル」にはCLEAN/CRUNCH切り替えボタン（D）があり、**ドンシャリ傾向のクリーン**・サウンド、**ミッドの押しが強いクランチ**・サウンドを切り替えることができます。

　「ウルトラ・ゲイン・チャンネル」にはLEAD 1/LEAD 2切り替えボタン（C）

があり、**ワイド・レンジでバッキングに最適な歪み**（LEAD 1）、**ややミッド・レンジにピークを持っていてリードに最適な歪み**（LEAD 2）の切り替えが可能です。

　それぞれのサウンドメイクの方向性によって4つのチャンネル（実際は2チャンネル×2モード）を使い分けるようなイメージで取り組むと良いでしょう。

クリーン・サウンドを作る場合には？

　「クラシック・ゲイン・チャンネル」を選び、ボタンは CLEAN にセッティングします。**ボリューム（⑥）は 10** まで上げて、**ゲイン（⑦）をその場にマッチする適正な音量**になるまで少しずつ上げていきます。それがこのアンプで最もクリーンなセッティングです。「クリスタル・クリーン」と言える、**きらびやかなサウンド**になるでしょう。

　ただしこのトーンは、実際の現場環境次第ではドラムのシンバルなどにかき消されてしまったり、アルペジオ演奏などでは壊滅的な状況になってしまったりもします。もしそうなった場合はモードを **CRUNCH** にして**少しだけゲインを上げながら**も、歪が強くなりすぎない（思いっきり弾いた時に少し歪む程度）状態を作ります。クリーンなのにあえて CRUNCH モードを使うことで、**腰のあるミッド・レンジと真空管アンプらしい心地よい倍音感**が得られ、存在感のある「**実践的なクリーン・サウンド**」を作ることができます。

クランチ・サウンドを作る場合には？

　「クラシック・ゲイン・チャンネル」ボタンを CRUNCH にセットします。ボリュームを適度に上げたら**ゲインを3〜6に上げてみましょう**。ギターの出力にもよりますが、そのあたりのゲイン・レンジであればピッキングのニュアンスを生かしたクランチ・サウンドがコントロールできるでしょう。

　EQ 部分はセオリー通りに5から作っていっても問題ないですが、基本的にはブライトな音色のアンプなので、**プレゼンス（①）やトレブル（②）は最初はやや下げ目にセットしておく**と良いかもしれません（それでもまだ高音域が目

109

立つようであれば、**ギター側のボリュームやトーンを8分目辺りにセット**することで高域を落とし、それをデフォルトにするという作戦もあります）。

また「ウルトラ・ゲイン・チャンネル」のLEAD 1で**ゲインを抑えめにしてクランチ・サウンドをねらうという方法**もあります。CRUNCHモードとは**歪み具合、ミッドの出方が変わる**ので、好みで選びましょう。

ディストーション・サウンドを作る場合には？

「ウルトラ・ゲイン・チャンネル」を使用します。LEAD 1/LEAD 2ともに**キメの細かいディストーション・サウンド**が得られますが、**ミッド・レンジや歪み具合が微妙に違う**ので（LEAD 1よりもLEAD 2の方がミッドが立って歪む印象なので、よりリード向け）、出したい音に合わせて選択します。

両者とも比較的**レンジの広い歪み**なので、**プレゼンスやベース（④）は抑えめ**にしつつトレブルとミドル（③）を操作して**中音域をメインに音色を調整し**ていきます。

よりメタリックなドンシャリ・サウンドをねらう時はベースやプレゼンスを持ち上げることで作ることもできますが、**トーン・シフト（Ｂ）やディープ（Ａ）**などの音色調整スイッチを使って調整しても良いでしょう。トーン・シフトをオンにすると**ミッドを削ったような印象**になり、ディープをオンにすると**ドスの利いた感じの低音**を作ることができます（どちらもやや極端な音色に寄る印象なので、筆者はあまり使いません。笑）。

エフェクターを使う場合には？

クリーンや歪み、さまざまな音色をエフェクターでコントロールする場合には、**アンプをクリーンにセッティングした状態を基本**とするのがセオリーです。

ただしこのアンプの場合、「クラシック・ゲイン・チャンネル」のCLEANはやや線は細めなクリスタル・サウンドが特徴なので、共演者や演奏状況によっては存在感のあるサウンドを作りづらい時もあるかもしれません。その場合はCRUNCHモードで基本のセッティングを作りましょう。

クリーン・サウンドを作る時と同じく、**歪むか歪まないかのギリギリでゲインを調整**します。クリーン・サウンドをまったく使わないということであれば、ややゲインを高めにセットして歪みのエフェクターと併用すること（ブースター的な使用）で、それぞれ**単体では得られなかった飽和感のある歪み**を得られるでしょう。

アンプだけで音色を切り替え演奏するには？

フット・スイッチを利用してチャンネルA/Bを切り替えることができるため、ギターとアンプのみでも、音色を切り替えながら演奏することが可能です。

例えばクリーンからリード・サウンドまでに対応させようとする場合は、チャンネルAで深めのクランチ・サウンド、チャンネルBで伸びのあるリード・サウンドを作っておきます。

この場合のクリーン・サウンドは**チャンネルAのクランチ・サウンドからギター側のボリュームを絞ることで作る**ようにしましょう。ギターのボリュームを下げると「音がこもる」という場合は、**ややプレゼンスやトレブルを上げ気味にする**ことで対処してください。

フット・スイッチにはリバーブ（⑤）のオン・オフが可能なスイッチも搭載されているので、それも必要に応じて使用しましょう。リバーブをかけっぱなしにするならば、**目盛りを1〜2あたりにすると自然なフィーリング**が得られます。

それ以外のアンプがあった場合は？

ここまで説明したジャズコ（JC-120）とJCM2000は、スタジオやライブハウスでの超定番ギター・アンプですが、それに加えて見かけることが多いギター・アンプもいくつかあります。

先の2つのアンプに続くスタジオ設置頻度の高いギター・アンプとしては、Fender Twin Reverb、MarshallのJCM900、その次にはMesa/BoogieのDual Rectifier、VoxのAC30、

Hughes & Kettner の Triamp……という印象でしょうか。これらも含めて初めて触るアンプでは多少戸惑う部分もあると思いますが、先に述べた音作りの基本を熟知していれば、何も恐れることはありません。

しっかりとした**自分のサウンド・イメージを持ち、見た目やツマミによる先入観を捨てて、自分の耳で皮膚で音を感じながら順序通りセッティング**していけば、自ずとベストなセッティングは見つかるはずです。

プリアンプを持ち込む場合はどうする？

大きなキャビネットやアンプ・ヘッドをスタジオやライブハウスへ持ち込もうとすると、移動方法や交通手段によっては大変苦労しますが、プリアンプのみであれば「自分のギター・アンプサウンド」を気軽に持ち運ぶことができます。

プリアンプはアンプ要素の中でも**「音色を作る」役目の箇所**であり、通常はビルトイン（内蔵）されている部分ですが、アンプから独立した単体でのプリアンプもさまざまなバリエーションを持って市販されています。古くは真空管を内蔵したラック・タイプ（Marshall の JMP-1 など）から現在ではデジタル・シミュレート・タイプ（Kemper など）、コンパクト・エフェクター・タイプ（Mooer の Micro Preamp シリーズなど）などがあり、

利便性を考えればひとつくらい持っていても損はないでしょう。

使い方はいたってシンプルでレンタル・アンプ（スタジオやライブハウスにあるアンプ）のリターン端子に接続するだけです。この接続をすると元のアンプのプリアンプ部をスルーできるため（手持ちのプリアンプ）→（レンタル・アンプのパワー・アンプ部）→（キャビネット）という音の流れになり、プリアンプ部を置き換えることができるのです。

筆者はこのようなシチュエーションの場合、パワー部が素直な性質のマーシャルのリターン端子に接続することが多いです。プリアンプ部だけとはいえ、いつでもどこでも自身のアンプ・サウンドを持ち運べるメリットは計り知れません。

「音作り」のために知っておきたいエフェクターの基礎知識

エフェクター、セッティングのコツは?

エフェクターは**ギター・サウンドを色とりどりに変化**させてくれます。さまざまなエフェクトを伴ったギター・サウンドは楽曲に置いての演出家のような存在で、大きな影響力を持ちます。これはエレキ・ギターならではの醍醐味であり、そのチョイスやセッティングによってギタリストのセンスやテクニックが問われる重要な部分です。

さまざまな種類のものがあり、それによってセッティングのコツ、注意すべきポイントがあるので、ここでその点を確認、いろいろ研究して自身のサウンドを広げましょう。

アンプ・セッティング

基本はフラットな（**オーディオ的なフラットではなく、あくまでギター・アンプ的なミドルにコシがあるサウンドを意識**）クリーン・セッティングです。そのように設定しておけばエフェクターの選択でクリーンからハイ・ゲインなサウンドまで幅広く作れます。

意図的に基本設定をクランチ・セッティングにすることもありますが、その場合はそのままではクリーン・サウンドが作れないため、ギター側でボリュームを下げてコントロールする必要があります。

アンプ内臓のリバーブやコーラスなどのエフェクトも、それらの効果をエフェクター側でコントロールする想定であればオフにしておくのが良いでしょう。

コンパクトか？マルチか？

　単機能のコンパクト・エフェクターか？さまざまなエフェクターがひとつに収まっているマルチ・エフェクターか？　ギタリストの中でも頻繁に議論されるテーマです。初心者の方にもよくされる質問ですが、それぞれのメリットを認識すれば自分に合ったシステムが選べるはずです。

・コンパクト・エフェクターのメリット

　それぞれの機能・個性で選び、それらを組み合わせることで、オリジナルのシステムとして構築することができる
　操作がシンプルで直感的に行える
　箱庭的な、構築していく楽しみがある

・マルチ・エフェクターのメリット

　単体で数多くのエフェクターを使った音作りができる
　接触不良などのトラブルが少ない
　音色が保存できて、それぞれをワン・タッチで切り替えながら演奏できる
　PCやタブレット経由で音色データの管理ができる機種の場合、まったく同じサブ機を手軽に作ることも可能
　スタジオ練習、ライブ時のセッティングがスピーディ

アンプ＆キャビ＆マイクのシミュレーター＋マルチ・エフェクターで音作りのすべてが網羅できるフロア・タイプ・マルチ BOSS GT-100

ややマルチ・エフェクターのメリットが多くなってしまいましたが、コンパクト・エフェクターであっても「スイッチャー」を導入すれば「音色の切り替え（マルチと比較するとツマミ位置が記憶できないなど、やや限定的ですが）」「スタジオ練習、ライブ時のセッティング」ではマルチと変わらない環境を作ることもできます。

やはりマルチと同等の機能を求めだすと、予算的にもサイズ的にも通常はかなり大きなシステムになってしまいますが、昨今では超小型（お寿司の握り1貫程度）、超廉価（数千円）のエフェクターも市販されているので、サイズの制約がある場合にはそれらを用いてシステム構築をチャレンジするのも面白いかもしれません。

またボード自体に小型のマルチ・エフェクターを組み込むハイブリッドなセッティングも現在ではよく見られるセッティングです。LINE6 HX Effects などをスイッチャーと MIDI 接続したり、マルチ・エフェクター内臓のスイッチャー BOSS MS-3 などをシステムの中心にすれば、マルチ・エフェクター＋コンパクト・エフェクターの良いとこ取りのシステムを省スペースで実現可能です。

好みのコンパクト・エフェクター、マルチ・エフェクター、ワイヤレス・システムも組み込みスイッチャーで統括した全部盛りなボード・システム。※左上のギター・シンセ BOSS の SY-300 はマルチ・エフェクターとしての機能もあります。

接続や引き回しによる音質劣化について

　仕事でこんな実験をしたことがあります。「ギターとエフェクターを3mくらいのケーブルで接続、さらにその後は30メートルほどの長いケーブルを使ってギター・アンプへ接続する。ギター・サウンドはどうなるか？」。

　この実験には「A」と「B」の2つのエフェクターを用意して、それぞれの音質劣化を両者ともオフの状態で接続して比較しました。

　その結果は……。

AのエフェクターをつないだときはサウンドがこもったA のエフェクターをつないだ時はサウンドが劣化し、こもった音になってしまった
B のエフェクターをつないだ時はごく普通のギター・サウンドが出た

　両者ともオフの状態なのに違いが出てしまう……。実はこれ、AとBのそれぞれの**バッファーの有無**、**スイッチの種類の違い**による**インピーダンスの問題な**のです。

インピーダンスとは

　簡単に言えば「電気の流れにくさ」です。ギター信号はインピーダンスの高い「ハイ・インピーダンス」なので、流れにくい信号と言えます。この状態で多くのエフェクターや長いケーブルを通ると、抵抗によって**音色が劣化したりノイズを拾ってしまいます**。

バッファーとは

　バッファーの目的は、ノイズの影響を受けやすく劣化しやすい「ハイ・インピーダンス」のギター信号を、ノイズや劣化に耐性のある「ロー・インピーダンス」のギター信号にすることで、**ギター・サウンドのクオリティを維持すること**です。

　多くのエフェクターの接続や長いケーブルを引き回す環境では必要不可欠な機能ですね。ただしインピーダンスを変化させることで、**原音も変わってしまう**というデメリットもあります。

スイッチの種類

電子式スイッチ

　一般的な構造で、FET という回路素子を用いて信号のオン・オフを行うタイプです。このスイッチを動作させるためにはギター信号をロー・インピーダンスにする必要があり、入力段には**バッファーが搭載されます**。さらに信号のロスを押さえるために出力段にもアンプが搭載され、低いインピーダンス（ロー・インピーダンス）をキープします。つまり電子式スイッチを搭載したエフェクターを接続すると、**音質劣化に強いロー・インピーダンスの信号が得られる**ということです。ただ先に述べたようにインピーダンスを変化させることで、原音にも影響を与えて変化させてしまうというデメリットもあります（**多くつなげばつなぐほど、この影響は大きくなります**）。

トゥルー・バイパス・スイッチ

　エフェクターがオフの時に信号を完全に回路から切り離してしまうスイッチです。接点や内部配線による劣化を含めなければ、このスイッチを搭載することによって、エフェクターから**ピュアな原音のままアウトプットできるため、音質変化を最小限にできる**というメリットがあります。しかしハイ・インピーダンスの信号のままなので、数多く接続したり、長いシールドを用いた場合の音質劣化は顕著となります。

つまり先の実験は
A は**トゥルー・バイパス**・スイッチ
B は**電子式**スイッチ
のエフェクターだったのです。この結果から、一部の場合を除いて、**システムの先頭に音質変化の少ない高品位なバッファー**（バッファーにもそれぞれの個性があり、内蔵エフェクターの他、単独でもさまざまなモデルが市販されている）を設置する、というのが**総合的なクオリティを求める場合には良い方法**と言えそうです。

※ギター側の音量を頻繁に操作する場合や、インピーダンスのミスマッチによる「ねらったサウンド」を持つ一部の歪みエフェクター、ワウなどを使用する場合は、その直前の接続までをトゥルー・バイパスで統一しないと意図するサウンドが得られない場合があります。

🔊 音 で 確 認 ！ 耳 で 納 得 ！

Track39 バッファー付き（電子式スイッチ）のエフェクターを接続した時
Track40 トゥルー・バイパスのエフェクターを接続した時
※どちらも前半「エフェクター・オフ」、後半「エフェクター・オン」です。

歪み系エフェクターの音作り

「歪んだギター・サウンド」の誕生はソリッド・ギターの浸透と同時にギター・アンプの進化も活性化された1950年代後半〜1960年代の初め頃。真空管アンプの「意図せぬ歪み」で新たなサウンドが「発見」され、ギターが管楽器に負けない表現力を得た結果としてモダン・ブルースやハード・ロックなどの音楽が生まれるのです。その頃のアンプはボリュームを上げて歪みを得るしか方法がなかったのですが、より過激な歪みや音量の取り回しの利便性を求めて開発されたのが歪み系エフェクター。歪みの傾向によってオーバードライブ、ディストーション、ファズと呼称が変わります。

オーバードライブ

真空管アンプを歪ませたような、ナチュラルでマイルドな歪みです。中でもチューブ・スクリーマー系と呼ばれるタイプは**全般的に中音域が濃密で、原音が少し混じるような芯を感じさせる**ため、特にフロントのシングルコイルとのマッチングは最高です。現代の耳からすると少しイナタい印象のモデルも多いので、EQを調整できるクリーン・ブースターなどを後段（次以降の接続）に置いて、ややトーン・レンジを広げてみるのも良いでしょう。リア・ピックアップとも相性の良い**芯から歪むマーシャル系、表現力豊かでダイナミック・レンジの広いダンブル系**などの歪みペダルも人気です。

🔊 音で確認！耳で納得！
Track41 オーバードライブ
ストラト＋チューブ・スクリーマーの王道セッティングです。30秒過ぎあたりからは後段にセットしたクリーン・ブースター（Xotic RC Booster）でややレンジを広げ、音量を持ち上げたサウンドでブーストしています。

ディストーション

オーバードライブと比較すると、**より深く過激な歪み**が特徴。ややブーミーでファズライクなMXRのDistortion +やBOSSのDS-1、より硬質なProCoのRAT2などが伝統的なモデルとして有名です。それらに対してロー・エンドが整った優等生なSuhrのEclipseやメタリックなBOSSのML-2、まさに「あの音」のような歪みのMXRのEVH 5150などが現代の代表的なモデルで、ディストーションと一口に言ってもさまざまなサウン

ドメイクが可能です。セッティングのコツは**いかにミッド・レンジをキープするか**ということ。バンド・アンサンブルにおけるディストーションは、ミッドを削りすぎると**あっという間にサウンドが抜けてこなくなります**。ミッド・レンジが豊かなリアのハムバッカーと組み合わせたり、ミドルを下げすぎないように注意しましょう。EQセクションにミドルのツマミがない場合は、**ベースとハイ（トレブル）を下げることで相対的にミドルをプッシュ**することができます。

🔊 音で確認！耳で納得！
Track42 ディストーション
70年代あたりを意識したミドルが強めのクラシックなメタル・サウンドです（MI AUDIO CRUNCH BOX）。

ファズ

「毛羽立った」という意味を持つ「Fuzz」が語源というだけあって、**チリチリと棘のある歪みサウンド**が特徴です。ブーミーになりすぎて（低音過多の締まりのないサウンド）、ピッキングのニュアンスがあまりにも抜けてこない時は、**アンプを少し歪ませて、その歪みもブレンド**するようにしましょう。基本的には過激さがファズの持ち味なので、遠慮せずにガッツリとゲインを上げてセッティングすることをお薦めします。ギター側のボリュームを絞ると意外にきれいな鈴鳴り感が得られるモデルもあるので、**ボリュームをコントロールしてドラスティックな（激烈な）サウンドの変化**を試してみるのも良いでしょう。

🔊 音で確認！耳で納得！
Track43 ファズ
イメージは60年代、中でも印象的なジミ・ヘンドリックスのサウンド。BOSS FZ-5でファズ・フェイス系のサウンドにセット、10秒過ぎあたりからはワウを併用、より過激なサウンドです。

ボリューム・ペダルの重要性

　ボリューム・ペダルは単純にボリュームを調整するだけのペダルなので「ギター側のボリューム操作でいいじゃん！」と思うかもしれませんが、「右手が演奏に集中できる」は何よりのアドバンテージです。さらに接続場所（信号を調整する場所）を選べるのも重要なポイント。どの場所にするかでボリューム・ペダルでできることが違ってきます。

ギター→（ボリューム・ペダル）→歪みエフェクター→ディレイ→アンプの場合

　この位置にボリューム・ペダルがある場合はギターのボリューム操作と同じです。ボリューム・ペダルは歪みエフェクターの手前なので、**歪み具合を調整**できます。ピッキングのタッチにボリューム・コントロールを加えれば、さらに表現力が増しますし、発音後に膨らむボーカルやサックスのようなニュアンスも可能になります。

ギター→歪みエフェクター→（ボリューム・ペダル）→ディレイ→アンプの場合

　歪みエフェクターの後なので**歪み具合は固定**。しかしディレイより手前の接続なので、ボリュームを0にした時も**ディレイ音が残り**、演奏の雰囲気を壊しません。

ギター→歪みエフェクター→ディレイ→（ボリューム・ペダル）→アンプの場合

　ギター信号全体のマスター・ボリュームとして機能、**ディレイ音もカット**できます。

　さて、ここでもインピーダンスには注意。ボリューム・ペダルにはハイ・インピーダンス仕様、ロー・インピーダンス仕様があり、接続場所とのマッチング次第では音質劣化やノイズの元になります。覚えておきたいキーワードは「**ハイ受け**」。ハイ・インピーダンス仕様なら、大抵はどこに配置しても致命的なトラブルはないでしょう。ただしロー・インピーダンス信号をハイ・インピーダンス仕様のボリューム・ペダルで受けると、ボリュームのカーブ（増減具合）が扱いづらくなる可能性があります。できるだけ**接続場所とペダルのインピーダンスを考慮**しましょう。

入力インピーダンス変更スイッチ付き Shin's Music Baby Perfect Volume Hybrid。インピーダンスがマッチしていれば音の細りが軽減され、ボリューム・カーブがよりスムーズになります。

ダイナミクス系エフェクターの音作り

　音量を調整する意味合いが強く、地味な印象のエフェクターですが、セッティングの方法やそのサウンドを知ることで積極的に音作りに活用することができます。

コンプレッサー

　コンプレッサーは**音を圧縮して音量などを均一化する**エフェクターです。コンプレッサーを使えば、ピッキングに強弱をつけつつも、音量を揃えて持ち上げることで、出したいニュアンスを周りのサウンドに埋もれることなく出力することができます。

　例えばクリーン・トーンではアタックからサスティーン状態までの音量差が大きく急激に減少しますが、音量を圧縮することでその差が少なくなるために相対的に**サスティーンが伸びるように聴かせる**ことができるのです。これはアルペジオや白玉コード演奏では特に有効です。ヴィンテージ・タイプのスタッガード・ピックアップで各弦の音量差がある時なども補正用として有効でしょう。

　主な調整用ツマミは

Threshold（Comp や Sustain などとも表記）：圧縮する音量レベルを調整するツマミ

Attack：入力から圧縮が始まるまでの時間を調整するツマミ

Ratio：入力信号に対するコンプレッション効果の量（圧縮率）を調節する

ツマミ

Tone：音質を調整するツマミ

Level：音量レベルを調整するツマミ（圧縮されて変化した全体音量の調整）

などです。

　カッティングなどで使用する際は、音量のばらつきをごまかすという方向ではなく、Attack を上げ目にすることで出せる**パコッとした独特のサウンド**をねらうほうが良い結果が得られると思います。

　白玉コード演奏では Threshold や Ratio を上げてサスティーンを稼ぐと**シンセ・ストリングスのような分厚いコード**を演奏できます。モジュレーション系エフェクターやディレイなどと組み合わせると抜群の相性です。

　Ratio を上げて Level を調整すれば、ピークを押さえるリミッターとしても活用できます。

クリーン・ブースター

昨今、多くのギタリストの必携アイテムなのが「クリーン・ブースター」です。単純にいえば「**音色を歪ませることなく音量レベルを増幅する**」ことができるエフェクターです。一番シンプルな使い方は「**音量レベルを増幅することでアンサンブル内での立ち位置を整える**」というもの。エレキ・ギターの特性上、ギター・アンプ直のセッティングで複数の弦をストロークした時は音量が稼げますが、単音をピッキングした時は小さくて聴こえない……といったように、**演奏法によって大きな音量差が出てしまいます**……「あるある」な症状です。そこでクリーン・ブースターをコードやバッキング演奏時にはOFF、単音メロディやソロを演奏する際にONにして使えば、演奏の音量バランスを整えることができます。

次にアンプ・サウンドの「**補正用プリアンプ**」としての使用もポピュラー。セッションやライブの現場では、いつも自前のアンプを持ち歩けるわけではなく、クオリティやコンディションの個体差があるレンタル・アンプを使わざるを得ません。しかしそこに優秀なクリーン・ブースターがあれば、**真空管の飽和したような倍音が加えられ、トーンに艶、サスティーンが感じられるようになり、音量や音質の調整も容易になる**わけです。この調整のコツは、**微量のゲインで倍音やコンプレッション感を調節、EQノブでレンジを調整する**ということです。レンジの広すぎるアンプの場合はEQを**ミッドに寄せ**、レンジが狭いアンプの場合はEQで**ベースとトレブルを広げる**ようなイメージです。

その他筆者がクリーン・ブースターを多用するのは**クリーンのリード・サウンドを録音する時**。クリーンな音色は音量レベルの落差が激しく、録音時の入力オーバーによるクリッピング・ノイズを防ぐため、ギターの音量やプリアンプの入力ゲインを全体的に下げざるを得ません（そうなるとS/N比が悪くなってしまう）。コンプレッサーも対処としてはアリですが、コンパクトの場合はエフェクトのかかりが間に合わず最初の1音が飛び出してしまうことも多いのです。かと言ってガッツリかけてしまうとコンプ臭がきつすぎて使えない……そんな時にクリーン・ブースターを繋げば**歪み感や音質変化は最小限に音の粒を揃えてくれます**。そこに香り付け程度にコンプを併用すると、良いバランスのクリーン・リード・サウンドを録音することができます……とあげだすと使い道はキリがないほど。

もちろん**レベルを上げ目に設定したブースターを歪みエフェクターの手前に置いて歪みを増強する**……のも定番の使用法ですが、それだけではもったいない万能エフェクターなのです。

モジュレーション系エフェクターの音作り

　モジュレーション系、または揺れ系と呼ばれるカテゴリーのものは、エフェクターの中でも効果がわかりやすいエフェクターといえます。

　その名の通り、**音を揺らしたり、変調を加えたりするタイプ**のもので、そのアイデアの多くは、斬新なサウンドを追い求めていた60年代のレコーディング現場から生まれ、時を経て技術革新によりコンパクトに洗練された形となり、**ギター・サウンドを彩る重要な要素**となっています。

コーラス

　モジュレーション系で特に代表的なものが「コーラス」です。レコーディング現場で古くから行われていた、同じパートを何度も重ねて録音する「ダブリング」の効果を模したことが始まり。**微妙にピッチや位相がずれた音を合わせる**ことで**独特の広がりや厚み、響き**を演奏に加えてくれます。代表的な機種として、古くはコーラス・エフェクトをいち早く実装したアンプ ROLAND JC-120 からコーラス・ユニットを抜き出した形でペダル化した CE-1、その他には MAXON の CS-550 やマイケル・ランドウの使用で有名になった ARION の SCH-Z などが定番です。現代の定番としてはデジタル処理によるハイ・クオリティなサウンドが得られる Strymon の Ola Chorus などがあります。

　基本的なツマミは

DEPTH（揺れの深さ）
SPEED（揺れの速さ）
MIX（エフェクトの強さ）
TONE（音質）
などです。

　コーラスはその調整次第で印象がガラッと変わるので、慎重に調整したいエフェクターです。まずは音色の変化が少しわかる程度にミックスを上げ、**スピードは遅すぎず速すぎない程度**（テンポに対して4分音符や8分音符くらいの長さに揺れる程度）にセット。そこからデプスを調整します。デプスは上げすぎると**音程感のないサウンドになるので注意**しましょう。デプスを**浅めに設定して軽やかなストローク**と合わせたり、**やや深めにしてアルペジオ**と合わせて異世界感を演出する、などが定番のアプローチです。あとは再度スピードを調整して最終的なカラーを決めるようにしましょう。

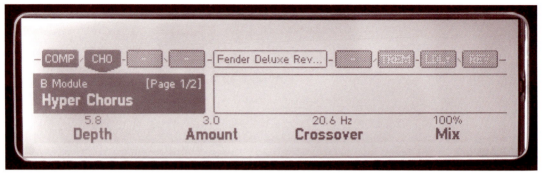

🔊 音で確認！耳で納得！
Track44 コーラス
揺れの深さを控えめにしつつも効果がはっきりとわかるくらいのセッティング。ピッチの揺れが深くなると使えるシチュエーションが限られてくる。

使用した Kemper 内臓のコーラス。「Amount」でコーラスの分厚さを調節、「Crossover」パラメーターの値を上げていくと低音成分にモジュレーションがかからなくなり、スッキリとしたコーラス・サウンドになる。

フェイザー

　回転するスピーカーであるロータリー・スピーカーの使用時に起こる**ドップラー効果によるピッチや位相の変化を再現**した「フェイザー」は、コーラスとはまた違った**「シュワシュワ」とした揺れ**が特徴的です。そのうねるサウンドが一定のパターンをキープする演奏……例えば**ファンクなコードや単音カッティング**と合わせたり、**レゲエの裏打ち**などとの相性も抜群、多くの音源で聴くことができます。初期のヴァン・ヘイレン・サウンドの要としても使用され、彼が愛用した MXR の PHASE90 はフェイザーの代表的モデルとしてあまりにも有名です。
　基本的なツマミは
DEPTH（揺れの深さ）
SPEED（揺れの速さ）
RESONANCE（響き）
STAGE（回路の段数）
などです。
　やはりフェイザーの肝は「スピード」でしょう。PHASE90 では潔くこのスピードのツマミ※しか付いていません（笑）。

※ゴム製のアタッチメントをツマミに装着して足でグリグリと回すようにできるので、演奏中でもスピードを可変させられるというギミックもあり、原始的ですが面白い！

　周波数のピークを調整する「レゾナンス」や**フェイズ・シフター回路の段数を変更**する「ステージ」は比較的近年登場したものに搭載されているツマミですが、**うねり具合のキャラクターを劇的に変化**させることができるので、ギター側のピックアップのセレクトともにさまざまな組み合わせを試してみると良いでしょう。このフェイザーに近いエフェクトとして、ロータリー・スピーカーの効

124

果をよりリアルにシミュレートした「**ロータリー**」でも面白い効果が得られます。軽く歪ませたオーバードライブと合わせると、まるで**ジョン・ロードのようなロック・オルガン・サウンド**で演奏することができます。スピーカーの回転数をフット・スイッチやエクスプレッション・ペダルで可変させながら演奏すれば、シンプルな演奏でも大きなダイナミクスの変化を作ることができます。

🔊 音 で 確 認 ！ 耳 で 納 得 ！
Track45 フェイザー
爽やかなコーラスに比べ、やや怪しさが漂うサウンド。アルペジオの他、シーケンス・フレーズやクリーン・カッティングにもマッチします。

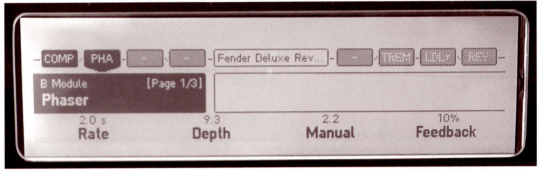

使用した Kemper 内臓のフェイザー。「Rate」と「Depth」で揺れの速さと深さ、「Manual」で揺れの中心周波数を調整し、音色のカラーを変えることができます。「Feedback」を上げるとかなり深くエグいかかり方になるので控えめに設定。

フランジャー

　エフェクトの原理としてはフェイザーと近いフランジャーですが、その効果は**より金属的で過激**です。
　基本的なツマミは
DELAY TIME（効果のかかる周波数帯を可変）
DEPTH（揺れの深さ）
SPEED（揺れの速さ）
FEEDBACK（メタリックな響きの量を調整）
などです。
　ジェット・サウンドとも称されるそのサウンドは、ディストーションと合わせて使うことでより劇的な効果を生みます。まさにギタリスト的にはヴァン・ヘイレンの「Unchained」でのメイン・リフなどで聴かれるようなサウンドが印象的ではありますが、デプスやスピードを控えめに調整して、**ゆったりしたクリーン・アルペジオ**で使っても Good です。**コーラスとは違う独特の雰囲気**が作れるでしょう。

🔊 音 で 確 認 ！ 耳 で 納 得 ！
Track46 フランジャー
フェイザーよりも、ダークさ、怪しさが漂う揺れ感です。アップ・テンポの楽曲でディストーションと併用して、オクターブ奏法でメロディを演奏するシチュエーションも多く見られます。

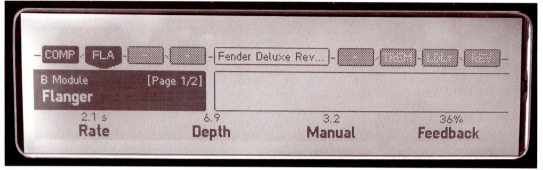

使用したKemper内蔵のフランジャー。「Manual」でモジュレーションの中心周波数を設定、エフェクトのカラーを調整できる。

その他のモジュレーション系エフェクター

　音量を周期的に揺らす「**トレモロ**」、原音自体のピッチ変化を作ってまるでヴィブラート演奏しているような効果を生む「**ヴィヴラート**」などはフェンダー・アンプに搭載されていた効果としてもお馴染みで、古くからギター・サウンドには欠かせない存在です。やはりカントリー・ロック、サーフ・ロックなどのアメリカン・サウンドとは相性抜群です。また、倍音を付加してシンセサイザーやスティール・パンのような不思議なサウンドを作り出すBOSS MO-2などのエフェクターも、現代のギタリストとしては積極的に音作りに導入したいところです。**新しいギター・サウンドを使ったヒット・ソング**が生まれれば、それはギターという楽器の未来を明るくするはずです。

🔊 音で確認！耳で納得！
Track47 トレモロ
優しく柔らかなサウンドを演出するのに特に有効です。ただしセッティング次第ではスライサーと呼ばれる、音を切り刻むようなエフェクトとしても使用することができます。

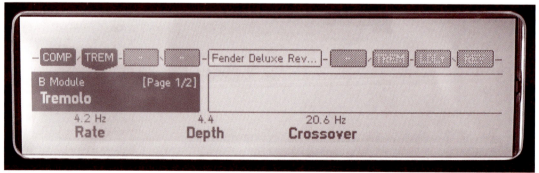

使用したKemper内蔵のトレモロ。「Rate」「Depth」は単純にテンポにシンクロさせるだけでなく、センスを研ぎ澄ましてちょうど良い塩梅を模索するのが醍醐味。

空間系エフェクターの音作り

　現代のテクノロジーの躍進で最も進化したといえるエフェクターは「空間系」といえるかもしれません。その名の通り**ギター・トーンに空間的な演出を加える**エフェクターのことで、昨今のハイ・ビットレート（32bit）のデジタル・エフェクターはサウンド・バリエーションも豊富で、とても解像度が高く、ムードをきめ細やかにして演奏を引き立ててくれます。

リバーブ

　リバーブはギター・サウンドに**空間の残響音**を加えてくれるエフェクターです。一口に残響音と言っても、イメージする空間によって、そのムードはガラリと変わります。

　例えば「ルーム・リバーブ」とは**早めで短い反響音**が得られる小さい部屋鳴り感を指し、逆に「ホール・リバーブ」は広さのあるホールでのコンサートを思わせる**長く広がりある反響音**のイメージです。他にもクラシックなアンプに搭載されたリバーブを再現した「スプリング・リバーブ」はサーフ・ロックやブルースなどの**イナタい雰囲気**を演出したい場合にバッチリ。Strymon の Blue Sky を始めとする近年のリバーブに搭載されている「シマー・リバーブ」も、**シンセサイザーのようなきらびやかなサウンド**でモダンなギター・トーンを彩ってくれます。近年のハイエンド・モデルでは、このあたりのシミュレートが素晴らしいクオリティで再現されています。

　基本的なツマミは
TIME（リバーブの長さ）
LEVEL（深さ）
TONE（音質）
PRE-DELAY（リバーブ音が出力されるまでの時間）
などです。

　残響音の要素としては1番わかりやすいのが長さ（タイム）、深さ（レベル）でしょう。**ここをあらかじめイメージに近くなるよう設定**しておいて、そこから音質（トーン）を調整するようにしましょう。その調整のコツは、**自分がどこで演奏しているか**を頭の中でイメージすることです。ドーム・クラスの広い会場なのか、木造の小さなライブ・バーなのか……。ドームであれば長く明るいリバーブ音、ライブ・バーなら短く暗いリバーブ音が返ってきそうだな……などと想像しながらツマミを調整するのです。

さらにリバーブ音が出力されるまでの時間（プリディレイ）を設定することで原音とリバーブ音を隔離し、**濁りを緩和**したりできますし、高音域と低音域それぞれの減衰していく割合も調整（ハイ・ダンプ、ロー・ダンプ）すれば、さらに**空間をきめ細やかに演出**することも可能です。このようにリバーブひとつをとっても、こだわれば相当な表現の幅を持たせることができるのです。

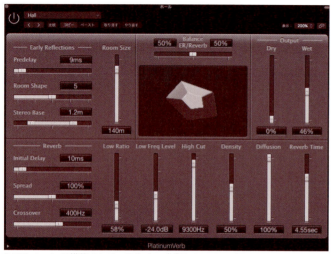

DAW、Logicに搭載されているリバーブ「PlatinumVerb」

ディレイ

ディレイは簡単にいえば「**やまびこ効果**」を作り出し、よりフレーズに**厚みを加えたり広がりをもたらしてくれる**エフェクターです。古くはテープやBBD（遅延素子）を使ったエコー・エフェクトが用いられていましたが、近年ではリバーブと同様にデジタル処理の高機能ディレイが主流です。

基本的なツマミは
TIME（ディレイ音が再生されるまでの時間）
FEEDBACK（再生される回数）
TONE（音質）
LEVEL（音量）
などです。

メインとなるパラメーターの他、アナログ回路を使ったディレイならではの**「フィードバック回数を重ねるごとの音質の変化量」**までもシミュレートしてコントロールできるモデルまであります。

タイムを設定する際に気をつけることは「**テンポに同期させる（そろえる）かどうか**」です。4分音符や8分音符の音価タイミングでディレイをかければ、

曲のグルーヴやギター・フレーズを増強する効果があります。

付点8分音符のディレイは俗に「**ディレイ・トリック**」などと呼ばれ、奏者が演奏している8分音符の隙間にディレイ音が返ってくることで擬似的に16分音符を演奏しているように聴かせることができます。その時はフィードバックを0にして、1回のみフィードバックが得られるように設定してみましょう。U2のジ・エッジなどがこのテクニックの愛用者です。

テンポに同期させずに残響音として使用したい場合には、**フィードバックごとに音質がにじんでいく**（ぼんやりしていく）アナログ・ディレイやエコー・タイプのディレイを使えば、**原音を邪魔することがなく独特の世界感が得られます**。他にもサウンドのタイプはさまざまなものがあり、中でもディレイ音に**コーラスのような揺れがかかった**モジュレーション・ディレイは、単体でも幻想的な雰囲気を作りだせて人気があります。

演奏中に踏み込んだ時に**直前の音をシームレス（切れ目なし）に持続させる** Electro-Harmonix の Freeze なども人気で、ソロ・パフォーマンスに取り入れているアーティストもおり、やはり多様な可能性を感じさせてくれます。

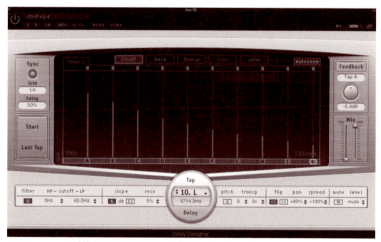

DAW、Logic に搭載されているディレイ「Delay Designer」

🔊 音で確認！耳で納得！

Track48 ギター・ソロ：エフェクトなし　Track49 ギター・ソロ：リバーブあり
Track50 ギター・ソロ：ディレイあり　Track51 ギター・ソロ：ディレイ・リバーブあり

空間系が何もかかっていない状態 (Track48) だとギターがやや浮いてしまい現実感が出てしまいますが、リバーブを足すことでオケに馴染みやすくなります (Track49)。スッキリさせつつ広がりを持たせたい場合はディレイだけかけるのもアリ (Track50)。特にこの音源ではテンポにそったピンポン・ディレイで音を左右に飛ばして原音と分離することでフレーズをクリアに聴かせる設定にしています。さらにディレイとリバーブを同時にかければ、より雰囲気にフィット、世界観を明確に演出できます (Track51)。全体的にリバーブ、ディレイ、いずれもトゥー・マッチにならない控えめなかけ方にしました。

イコライザーの音作り

　イコライザーは歪み系やモジュレーション系と比べると、とても地味な存在ですが、使いこなせれば、これほど強力なエフェクターはありません。特定の周波数帯域をブースト＆カットできるため、**アンプや他のエフェクターで調整しきれない細やかなイコライジングが可能**です。ギターを持ち替える際の極端な音質変化を和らげたり、歪みペダルの手前に置いてブースターとして利用したり、特定の周波数をカットしてハウリングを防ぐノッチフィルターとして利用したりすることも可能です。

グラフィック・イコライザー

　数多くのバンド（調節できる周波数帯域）があります。視覚的にどの帯域をどうブースト＆カットしたかがわかりやすく、操作も各帯域のフェーダーの上下だけと簡単なので、後述のパラメトリックよりも使いやすいでしょう。ただし調整可能な周波数帯域は固定という場合が多いので、痒いところに手が届かず、もどかしい場合があるかもしれません。

パラメトリック・イコライザー

　グラフィック・イコライザーに比べるとバンド数は少ないのですが、「フリケンシー」というツマミの調整で、各周波数帯域を選択することができます。つまり

🔊 音で確認！耳で納得！
Track52 ハイ・ブーストなし　Track53 ハイ・ブーストあり

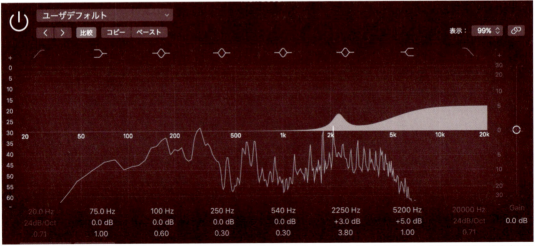

ハイ・エンドなマルチ・エフェクターや DAW では写真のようにグラフィック、パラメトリックを合わせたような高機能で自由度の高い EQ が搭載されています。弦のアタック（2000Hz）をピーキング、鳴り（5000Hz）をシェルビングで足すようにブーストした設定。

自分の演奏やイメージに合わせて任意の周波数をピンポイントでブースト＆カットすることができ、より自由に音作りができるのです。イメージする音がどのあたりの周波数なのかをわかっている上級者向きのイコライザーと言えます。

🔊 音 で 確 認 ！ 耳 で 納 得 ！
Track54 ミッド・ブーストなし　Track55 ミッド・ブーストあり

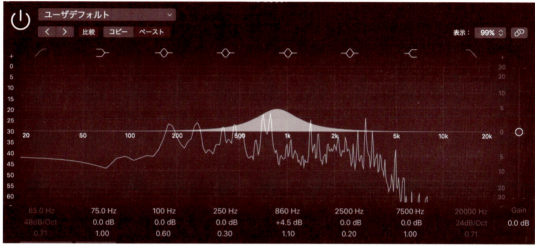

ミッド・ブースト　ギター・サウンドの要である800Hz付近をブースト

🔊 音 で 確 認 ！ 耳 で 納 得 ！
Track56 ロー・カットなし　Track57 ロー・カットあり

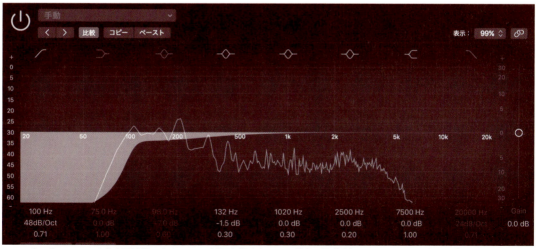

ロー・カット　ベースの主な周波数である100Hz以下を潔くカット。低音の量感を担う200Hzあたりもやや抑えている。

ワウ・ペダルの音作り

　トーン・コントロールをペダル操作で行い**「ワウワウ」と発声する、人の声のような効果を作り出す**のがワウ・ペダルです。単純なツマミの設定ではなく、踏み込み具合で音色を操るため、実は数あるエフェクターの中でも最も奥深いものかもしれません。1960年代中盤、アンプを改良中に偶然生まれたというワウ・ペダルがミュージシャンの間で広まるには時間を必要としませんでした。クリームの「Tales of Brave Ulysses（67年）」でのエリック・クラプトンのトーンは衝撃的で、触発されたジミ・ヘンドリクスがウッドストックでワウ・ペダルを使い強烈なパフォーマンスを……まさに当時は革命的サウンドだったのかもしれません。ジミヘンのように**歪んだサウンドと合わせてむせび泣くように使う**他、**ファンキーなカッティング**との相性も抜群です。

　ただ単に拍に合わせて踏み込むだけではなく、1拍3拍目は浅め、2拍4拍は深く踏み込む……など、**踏み込み方によってもグルーヴが変化する**ので、研究のしがいがあります。またマイケル・シェンカーのように半分踏み込んだ状態でペダルを止め、**ある周波数だけを強調させるEQのような使用法**もあります。

　VOX、あるいはジム・ダンロップのCry babyといったモデルが有名ですが、その踏みしろやサウンドは意外にもモデルによって大きく違いがあります。近年のモデルでは、踏み込んだ際にボリュームが落ち込んでしまうのを補正するツマミ、**可変できる周波数、カーブを調整するトリム**といった機能を装備したものもありますので、演奏するシチュエーションや使用機材によってチョイスしたいところです。

ワウ・ペダルの定番2大ブランド。左はVoxのV847-A　右はセンサーにより少し踏み込む／離すだけでオン／オフが可能なJIM DUNLOPの95Q。ブランドやモデルが違えば、サウンドや操作性も大きく違ってきます。

ピッチ系エフェクターの音作り

　ピッチをコントロールできるエフェクターは特に面白い効果が得られ、「飛び道具」として利用される場面をよく見かけます。中でも**原音に対してオクターブ下の音をプラスする**「オクターバー」は比較的使いやすいピッチ系でしょう。基本原理は、入力された信号の波形からマイナス側をカット、プラス側だけを取り出すことで半分の周波数（オクターブ下の音程）を作り出す、というもの。その「下の音程」はエフェクター内で加工されることで聴きやすい音に補正されますが、大抵はギター・サウンドそのままと言うよりは**シンセサイザーの音やオルガンに近い音色**となり、原音とミックスさせて演奏に用いられることがほとんどです。ウェス・モンゴメリーのオクターブ奏法のような、あるいはベースとユニゾンしたような存在感のあるラインを演奏することができます。1960年代後期から1970年代初期にかけて発売されたMusitronicsのMU-TRON OCTAVE DIVIDERやSola Sound Color SoundのOctividerのようなプリミティブな機種をはじめ、現在は上下オクターブ音（+/- 2オクターブ）を生み出すELECTRO-HARMONIXのPOG2や和音でもオクターブ表現ができるBOSSのOC-3などが登場、さまざまな新しいオクターバー・サウンドが生み出されていますが、さまざまな音程が出せるピッチ・シフター、ハーモナイザー、ワーミー・ペダルも飛び道具としては強力です。特に**原音に3度や6度といったさまざまな音程のハーモニーを付加できる**「ハーモナイザー」は筆者も多用しています。なぜか近年のアニソン（アニメソング）系のギター・ソロにはハモリ・パートが多く登場するため、サポートの現場など、原曲を忠実に再現するシチュエーションで重宝しています。

BOSS PS-6 飛び道具として
有効なピッチ系エフェクター。

エフェクターの接続順

エフェクターは**接続の順番によってサウンドがガラッと変わる**ところが醍醐味！ 接続順は「自由」です！ 好きにやっちゃってください！……で終わらせたいところですが、やはりある程度の一般的なセッティングやセオリーはあります。

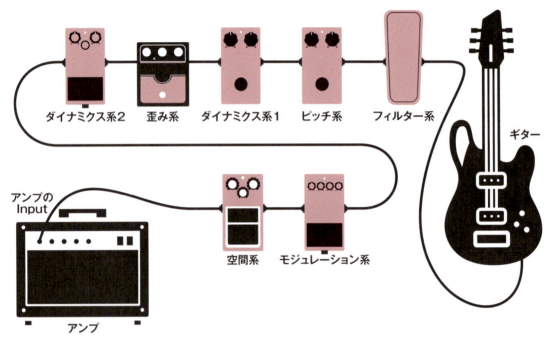

フィルター系（ワウ・ペダルなど）→ピッチ系→ダイナミクス系1（ブースターなど）→歪み系→ダイナミクス系2（コンプなど）→モジュレーション系→空間系→ギター・アンプのインプットへ

　上記が一般的な接続順です。エフェクターの接続位置で最も意識すべきは、**音作りの中心となる「歪み系」の「前に置くか、後に置くか」**です。フィルター系やピッチ系は**歪みの後に配置してしまうと、サウンドの変化が極端になりすぎてしまったりノイズで濁ってしまったりする**ため、歪みの前段に置かれることが多いです。逆にモジュレーション系や空間系は**歪みの前段に設置してしまうと、効果がわかりづらくなったり残響音までが歪んでしまったり**します。ダイナミクス系はその用途によって置く場所を調整しましょう。例えばブースターの場合は、**歪みの前段に置けば歪みを深くすることができますし、後段に置けば歪みの深さは変えずに音量だけを上げる**ことができます。逆にもし「**今まで聴いた**

ことがない変な音が作りたい！」という場合には、これらのセオリーの反対の接続を試してみると良いでしょう。

またアンプの歪みを使う場合には、アンプのセンド＆リターン端子を使って接続する方法も試してみましょう。

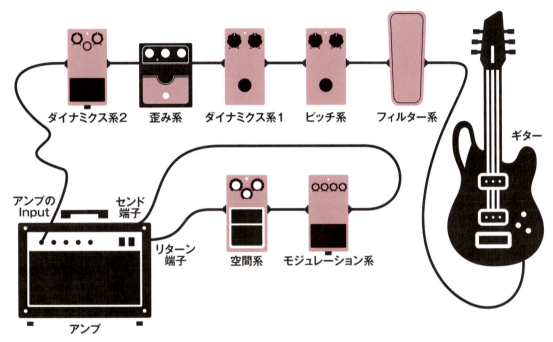

フィルター系（ワウなど）→ピッチ系→ダイナミクス系1（ブースターなど）→歪み系→ダイナミクス系2（コンプなど）→ギター・アンプのインプットへ／ギター・アンプのセンド端子→モジュレーション系→空間系→ギター・アンプのリターン端子

センド＆リターン端子の一般的な例は以上のような接続になります。

アンプを歪まさないで使うとしても、この接続順ならばモジュレーション効果や残響音がアンプのプリアンプを通らないことにより、より**クリアなエフェクトが得られる**場合があります。この時はレベルオーバーによるクリップ歪みやレベルのミスマッチがS/N比の悪化の要因になったりしないよう、アンプ側、またはエフェクト側のレベル調整をしっかり合わせましょう。例えばJC-120ではセンド＆リターン端子の近くに「＋4dBm／-20dBm」と書かれたスイッチがあります。**ラック・タイプ**のエフェクターを使う場合は**＋4dBm**、**ペダル・タイプ**のエフェクターを使う場合は**-20dBm**に合わせます。

スイッチャー

エフェクターを切り替えて**さまざまな音色をコントロールしながらの演奏**はとても楽しいものですが、数多くのエフェクターを組み合わせ使っている場合、その音色の切り替えは大変な作業となります。

そういった場合はプログラマブル・スイッチャーを使えば、音色の切り替えをマルチ・エフェクターと同様にワン・タッチで行うことができます。プログラマブル・スイッチャーとは、装備されているエフェクト・ループにエフェクターをつなぐことができ、その各ループのON/OFFを任意に設定（プログラム）できる機材のことです。これを使用すると音色の切り替えが容易になる他、多数のエフェクトの数珠つなぎによる音質の劣化を最小限に防ぐことも可能です。

出したい音を出すためのスイッチャー選びポイント

エフェクト・ループの数

ループの数が多ければ、たくさんのエフェクターを接続することができるため、サウンド・バリエーションを増やすことができます。さらにボリューム・ペダルやチューナー用の端子が別で設けられていたりするモデルであれば、エフェクト・ループの数が一緒のモデルよりも多くのエフェクターを接続することが可能です。

サイズ、スイッチ・レイアウト

サイズはとても重要です。スイッチャーが大きくなると必然的に大規模なボードになってしまい、ステージ上のスペースに限りが出てきてしまうからです。また踏みやすいスイッチ・レイアウトでなければ、それが踏み間違いの原因になり、演奏に集中できなくなります。自分の状況に合ったものを探しましょう。

MIDI 端子の有無

MIDI端子が装備されていれば、MIDI制御が可能なエフェクターをボードに組み込むことができます。例えばマルチ・エフェクターをボードに組み込んでしまい、数多くのエフェクターやパッチをMIDIで呼び出せるようにすれば、コ

ンパクト・エフェクター + マルチ・エフェクターという最強ボードを作ることができます。

バッファーの有無、音質

　たくさんのエフェクターを接続するスイッチャーですので、（入力段、出力段ともに）バッファーが装備されているに越したことはないでしょう。ただしこれはシステム全体の音に影響する部分なので、そのバッファーを通った音質が気にいるものでなければ、逆に邪魔なものとなる可能性もあります。万一満足できないバッファーだったとしても、オン・オフの切り替えスイッチがある機種なら、装備されているバッファーはオフ、インプット、アウトプット、それぞれに別途で選んだバッファーを接続するとよいでしょう

その他の機能

　数多くのスイッチャーが存在し、それぞれに強みがあります。

　大きなディスプレイが装備されて操作性に優れているもの、エフェクターに電源を供給できるもの、ノイズレスなもの、防水防塵のもの、エフェクトのルーティン（接続順）を変更／プログラムできるもの、マルチ・エフェクターを内蔵しているもの……おそらくこの先もどんどん便利な機能を持ったスイッチャーが登場するでしょう。それらの中から自分の演奏スタイルに合うものを選べれば演奏ストレスを軽減でき、より演奏に集中することができます。

コンパクト・エフェクターをメインとしたシステムを構築できるES-8。計8ループ（＋ボリューム・ペダル接続用追加ループ）接続可能。

Column
シールド・ケーブルにはこだわる？

　エレキ・ギターはアンプがないと完成しない！とよく言われますが、お忘れでないですか？「シールド・ケーブル」を！　シールド・ケーブルがなければ、どんなに良いギターとアンプがあっても基本的には音は出ません。つまり**ギター・サウンドにとって必要不可欠な存在**なのです。楽器で使うケーブルを特に「シールド・ケーブル」と呼びますが、この「シールド」というのは楽器の電気信号を外部ノイズから守る外部導体を指します。信号を通す「芯線（内部導体）」を「絶縁体」と「シールド（外部導体）」で包みこんだものが、この「シールド・ケーブル」なのです。シールド・ケーブルはエフェクター同士をつなぐ際も用いられ、専用の短いシールド・ケーブルは「パッチ・ケーブル」と呼ばれます。シールド・ケーブル選びのポイントをいくつかあげておきましょう。

硬さ、太さ、重さ

　意外にもシールド・ケーブルによって、これらの要素には違いがあります。

　やはり柔らかく、細く、軽いもののほうがアドバンテージがあるでしょう。ステージでは特にこの要素の差が重要に感じられると思います。

長さ

　音質に最も大きな影響を与えるのが「長さ」。もちろん短いほど音質の劣化が少なく、筆者は録音用は1.5〜2m、ステージでも3m程度までに抑えています（ギターからエフェクターまでの長さがそれ以上長くなる場合はワイヤレスを使います）。ただしバッファーやエフェクターを通ってロー・インピーダンス状態になって以降……つまりエフェクターからアンプまでは5m〜8mほどの長いシールドになってもそこまで気になりません。「大は小を兼ねる」ではなく、長さは用途に応じて選ぶのがベストでしょう。

🔊 音で確認！耳で納得！
Track58 短いシールド・ケーブル（1.8m）
Track59 長いシールド・ケーブル（6.4m）

左は主にライブ用（エフェクター〜アンプ）の6.4m、右はレコーディング用の1.8m

音質

　ケーブルにも種類が多数あり、音色の持ち味も違います。

通常、「抵抗」であるケーブルをギター信号が通ると、必ずギター信号のどこかの周波数はロスしますが、その**周波数の帯域やロスの量によってサウンドが変わる**と考えられます。

BELDENの#8712が業界標準とも言えるモデルで、リファレンスとしてギタリスト必携のシールドとされています。定番過ぎてどこがどうというわけではない音色ですが、なるほどと言える説得力があるのが不思議です。その他にもレンジの広いハイファイな印象があるProvidence、なぜか音が大きく聴こえるような迫力を持っているMonster Cableなど、濃いキャラを持ったシールド・ケーブルが存在します。

劇的に変化するような世界ではないとも言えますが、**隠し味としてエフェクター感覚でサウンドメイクに取り入れる**のは自然なことでしょう。

プラグ

ケーブルのプラグには「ストレート・プラグ」と、L字の形状を持つ「L型プラグ」の2種類があります。これは各自の使用環境により選びましょう。

例えば舟形ジャックを装備したストラト・タイプはストレート・プラグでないと抜き差しが難しいでしょう。ボディ側面にジャックが付いたレス・ポール・タイプやボディ・トップに垂直に差すジャックのES-335タイプやジャガー／ジャズ・マスター・タイプなどの場合はL型プラグの方が邪魔になりづらく、何かがぶつかってプラグやジャック内部が折れるといったトラブルも防げます。

ギター・アンプやエフェクターも、プラグの形状の違いによって、ツマミや他プラグなどと干渉する場合があるので注意しながら選びましょう。

ソルダーレス

エフェクター・ボード内の結線を綺麗にまとめたい場合は、あらゆる長さのパッチ・ケーブルを駆使しなければなりません。しかし市販されているものでこれらを揃えるのは、途方もないパズルのようなものです。

そこで近年ではパッチ・ケーブルを自作できるキットが市販されています。特に初心者には難しい「ハンダ付け」なしで作成できるソルダーレスは大変便利で、短時間で誰でも簡単に理想のエフェクト・ボードを組み上げることができます。

MONTREUX　Arena Ace Right angle plug kit。
プラグにケーブルを挿してネジを締め込むだけで通電し、簡単に好きな長さのシールド・ケーブルが製作可能。

ワイヤレスは？

近年のデジタル化で大きく音質や使い勝手が向上したワイヤレス・システム（無線シ

ステム）は大規模なステージで使用されるだけでなく、部屋弾き中心のアマチュア・ギタリストにまでとても身近なものになりました。

ケーブル接続（有線システム）は、どうしてもステージ上での動きの制約がありますが、ワイヤレスならば回転したり走ったり、どこまでも自由なパフォーマンスが可能となります。自宅でもギターを弾きながらトイレに行ったり……まあそんなスティーヴィー・レイ・ヴォーンみたいな人はあまりいないかもしれませんが、そういう時にも便利には違いありません。

ただし「便利は良いが、実際、音はどう？」と考えるのは、音にこだわるギタリストなら当然のこと。実際ワイヤレスのシステムが「アナログ転送」の時代は、**ハイ落ち**（高域が減る）はもちろん、**低音も薄くなった気がして全体的に音が細くなる印象**が強く、「ある程度は仕方ない」でやり過ごしてきた感はあります。

しかし昨今のワイヤレスではそういう問題はなく、「全然使える」印象です。ただ、ある企画で各社のモデルを比較した際は、会社ごとの「クオリティの差」は感じざるを得ませんでした。

比較する際の注意点は「音のクリアさ」「低音の劣化」「レイテンシー（データ処理に伴う発音の遅延）」でしょう。この部分は好みもあるので、各チェック・ポイントが自分の使用環境での許容範囲内かどうかを気にしながらテストするのがベストです。

例えばレイテンシーなどは、アンプ直、さらにアンプから距離をとってしまえば、さほど気にならなくなっていきますが、デジタル・エフェクター盛り盛りボード＋イヤー・モニター環境だったりすると、デジタル・エフェクターのレイテンシーにワイヤレスのレイテンシーが重なり、「ピッキングと音がピッタリ合ってないような気持ち悪さ」を演奏中に感じるかもしれません。

あとワイヤレスならではの**「高音域の強調」の具合**も確認しておきましょう。通常のワイヤード（シールド・ケーブル時）では高音域が劣化するはずが、ワイヤレスでは劣化しないことが原因で起こる状態で、いつもの音と違う（高音域が強い）ことで弾きづらさを感じる可能性があります。そんな音色を補正するパラメーターを装備したモデルあり、そこの有無もチェックしておきましょう。**ワイヤードの場合のサウンドをメートル単位でシミュレートできる**ものもあり、ワイヤレスの違和感を解消することができます。

🔊 音で確認！耳で納得！
Track60 ワイヤレス

SONY DWZ-B30GB。
ケーブルの長さをシミュレート可能なツマミが付いたモデル。

「音作り」のために知っておきたい場所による違いの基礎知識

リハーサル・スタジオでは？

プロのリハーサルの場合は本番と限りなく同じ環境にセッティングしますが、一般的な簡易的環境（練習スタジオなど）でのリハーサルの場合は、基本的にアンプのマイキングなし、個別のモニター（フロア・モニター、コロガシ、ウェッジなどと呼ばれ、足元に設置されている）なしで行うことが多数でしょう。

その場合はやはり**「全員の音が全員に聴こえている」**という当たり前な状況を、いかにバランス良く構築できるかが肝になります。

ギター・アンプは他のメンバーのほうを向いているか？　自分のモニタリングは大丈夫か？（足元にアンプがあって音が聴き取りにくい場合、スピーカーが**自分の耳**に向くように斜めに置いたり、箱馬などで高さを上げて耳位置に近づけたりします）をチェックしながら、音量や音色を探っていきます。

エレクトリック・アコースティック・ギター（エレアコ）をラインで出す時は、ボーカルやキーボードと共通のモニター・スピーカーで鳴らすことが多いはずです。モニター・スピーカーに対してモニタリングしやすい立ち位置を探り、さらに**ボーカルが歌いやすい音量、音色を探ります**。

あくまでも「リハーサル」が目的なので、各楽器とも何をやっているかわからなくなるような爆音は NG です。曲の中心となるドラムがボーカルをいたわりつつ、演奏に差し支えない範囲で**ドラムのボリュームを抑え**、ギターをはじめとする他の楽器が**それに合わせるように自分のボリュームを調整**すれば、まとまりは良くなるでしょう。

小規模なスペースでの
セッションでは？　※マイキングなし

　リハーサル・スタジオとほぼ同じ環境ですが、音を届ける必要があるもうひとつの場所……「客席」が追加される分、**音作りの難易度が高くなります。**

　そこにいる全員がうまくモニタリングしやすい状況を作れれば問題ないですが、**それは「稀」**だと思っていたほうが良いでしょう。**まず客席の環境を最優先、次にボーカルや主となるメンバーの環境、自分の演奏のしやすさは二の三の次**……これを頭に入れておけば、すべて「想定内」です。乱暴な対処法に聞こえるかもしれませんが、重要な心構えです。演奏する側にできることは、あらゆるシチュエーションに対応できるよう、**演奏のダイナミクスを最大限に調整可能な状態にしておく**くらいでしょう。

　各自が常にこういった調整をし続ければ、バランスはキープされ続けます。**他の楽器、音が聴こえなくても「想像力」でカバーするくらいの気持ち**で望みましょう。これはアメリカ、ヨーロッパ・ツアーを毎年こなす（やはり過酷な場所も多いようで……）ゴリゴリのライブ・バンドのメンバーである友人も同様だと、ため息混じりに語っていました（笑）。

ライブハウスでは？

　多くのライブハウスでは、PA エンジニアがステージ内外の音を整えてくれるので、環境は飛躍的に良くなり、ミュージシャンはより演奏に専念しやすくなります。PA エンジニアには、**ステージ内の音環境を整える**「ステージマン」、**モニター環境を整える**「モニター・ミキサー」、**それらを統括して外音（観客に聴こえる音）を作る**「ハウス・ミキサー」の3つの役割があります。小規模のライブハウスではそれらを**ひとりのエンジニアが兼任**している場合もあります。まずエンジニアとのコミュニケーションをしっかりとる、またとれる環境を作りましょう。エンジニアの腕が良ければ、大船に乗った気持ちですべてを委ね、言葉、そして音で**「出したい音」を主張**しましょう。演奏者が何をしたいのかがわからない状態は、エンジニアを苦しめる1番の原因となります。

　万一エンジニアの腕が悪ければ、その日のサウンド・クオリティは諦めてパフォーマンスや他の部分で魅せることにしましょう……まあそのぐらい PA は重要な仕事、最後のバンド・メンバーとも言える存在なので、プロの現場、ツアーでは PA エンジニアが帯同する場合がほとんどです。

　ではミュージシャンができること、具体的にサウンド・チェックの際に確認すべきことをあげていきましょう。

ギター・アンプの音量は?

基本的には**ドラムに合わせればOK**です。大きくなりすぎると外音への影響度が増すため、エンジニアとしても**バンド全体の音作りがしにくくなります。**

エフェクターの設定は?

多くの音色を使う場合には事前に**各音色のボリュームを整えておきましょう**。これは全部を均一にするという意味ではなく、出るところは出る、引っ込むところは引っ込むというメリハリをつけて、楽曲にフィットするボリュームを事前のリハーサル時(当日のサウンドチェックではありません)から決め込んでおくということです。当日のサウンドチェックでは、トータルのEQ(**特に低音**)とリバーブ量を**場所に合わせて調整します。**

ギターの音ください!と言われたら?

ライブハウスのサウンド・チェックでは、はじめに「単音チェック」と呼ばれる各楽器の音色チェックがあり、それはPAの方に各楽器の音量や音質を把握してもらって**音の下地を作ってもらうための時間**です。そのステージで主に使う音色を順に確認していきますが、**ベーシックに多く使う音色**、特に音量の大きい**ソロでの音色**、低音の膨らみやすい**ブリッジ・ミュートでの音色**などを優先的にチェックしてもらうとスムーズです。

モニターは?

フロア・モニターへは、**ステージ上で聴き取りにくい他の楽器を補うように音を返してもらいます**。大抵は、ドラム(キックを中心に3点)、次にステージ反対側のベースやキーボード、そこにボーカルが乗るイメージで返してもらう(モニターから出してもらう)ことが多いはずです。

基本的に自分のギターは**ギター・アンプからモニター**します(立ち位置がアンプと離れるようであれば必要に応じて返してもらいます)。アコースティック・ギターの場合も自分用のモニターを用意するのがベストです。他の楽器と同じモニターに返してもらうことも可能ですが、**モニターすべき楽器数が多い時はその方法でアコースティック・ギターの繊細な演奏をクリアにモニタリングするのは、実際かなり難しいことなのです。**

アコースティック・ギター専用のアンプRoland AC-90。出力があるので小規模の会場ならこれ1台で弾き語りなどのパフォーマンスが可能。大きめの会場ではPAシステムと併用してパーソナル・モニターとしても活用できます。

大きな会場(ホール、アリーナ)では?

大きな会場になるにつれ、環境は整っていき、ミュージシャンのストレスは減る傾向にありますが、多くの場合は大音量のライブのみを行う想定で会場を建設しているわけではないので、吸音が十分でなく、**会場の反響が大きくなる傾向**があります。演奏している感覚は、常にショート・ディレイと長めのリバーブ(もちろんドラムにも!)がかかっているような状態で、そのままでは**ややモニタリングが難しくなる**のです。

昨今ではそれをイヤフォンでモニターする「イン・イヤー・モニター(イヤモニ)」で対処し、クリアなモニタリングで演奏可能です。ただしイヤモニを装着しての演奏はステージ上でレコーディングしているような感覚で、慣れるまではライブの臨場感が得られずにしっくりこないかもしれません。ただ各楽器のバランスなどのモニタリング環境は思いのままなので、イヤモニに慣れてしまえばこっちのものです。

使用する際は**レンジが広く解像度と遮音性の高いイヤモニ**(カナル・タイプ、耳型を取ったオーダメイドのものなど)ほど調整しやすいはずです。

PAからの音を受ける「ミキサー」や自由なステージングに必要な「延長イヤホン・ケーブル」なども信頼性の高いもの

Audiofly AF180。遮音性の高くステージでのモニタリングがしやすいIEM(イン・イヤー・モニター)。

を(スペアも含めて)用意しておきましょう。

IEMはライブでもクリアなモニタリングが可能で、各楽器の音バランスをより細かくとることで演奏しやすくなります。バランスは演奏者によって異なりますが、筆者の場合は「曲の雰囲気の成立」を念頭にグルーヴ(リズム、ノリ)の要素(低域:特にバス・ドラム)、ハーモニーの要素(特に鍵盤系)をやや強めに返してもらいます。ツイン・ギターの場合は左右に振り分けると互いの演奏が確認しやすいでしょう。

路上や野外では?

屋外での楽器のサウンドは屋内とは印象が変わります。やや音を大きくしたり、リバーブを強めにしたり、微調整はできますが、**まったく屋内と同じサウンドにするのは不可能です**。「いつもと同じように」という思いは捨てて、「その環境を利用して楽しむべき」でしょう。

それよりも重要なことは屋外で起こるト

ラブルです。**風、雨、熱、その他の自然現象を想定の中に入れておく必要**があります。筆者がモニターを務めるギター・メーカー「Fujigen」が松本山雅FCのスポンサーであることが縁で、「あの広いサッカー・スタジアムのオープニングに、ひとりでギター・インストを弾く!」という大役を努めたことがありましたが、あいにくその日は悪天候……。不慣れで緊張するシチュエーションに、雨と風でギターは濡れて滑り、音はかき消えて、髪は乱れて手元が見づらい……。ただし事前にそんな状況も想定しておいたことで、演奏、機材ともに問題なく終えることができました。

対応策を具体的に言うならば、譜面を使う場合は風で譜面が飛ばないようにクリップで固定する（または暗譜）、雨が降っても良いようにエフェクト・ボード、アンプには透明なビニールを敷く、熱でアンプが壊れないように断熱材で日光を遮る、そして何よりも**「酷な状況でも余裕で弾ききれるように練習をしっかりしておく!」**です。ただしさすがに雷の場合は事故の危険があるので、さっさと諦めて演奏を中止しましょう。

Column
出したい音と客席に聴こえる音の差をできるだけなくすにはどうする?

単純に**ステージの外（客席）で自分の音を聴いてみれば OK** です。

外音を確認するためには弾きながらステージの外に出る必要があるので、**ワイヤレス環境**を使うか、**ルーパーなどに録音して鳴らす**ことでチェックしましょう。

そしてサウンドが自分のイメージと違った場合は

「ギターの音は、もう少し古臭いイメージでお願いできますか?」

「なるほど、そっちですね!了解です!」

みたいなやり取りができれば最高ですね。

特にはじめましての初対面 PA エンジニアさんとのセッションでは、**音のイメージの相違があって当然**ですから「PA さんに失礼じゃないかな……」という心配は無用です。しかしそこを円滑にするためにも、**よりよいコミュニケーションの下地**はしっかり作っておきましょう。

「音作り」のために知っておきたい動画撮影／録音の基礎知識

現在では誰でも簡単に動画を撮ってアップロード、全世界に公開することが可能になりました。遡れば、人は音楽を広めるための手段を、楽譜からアナログ・レコード、CDへと進化させてきました。現在ではYouTubeを始めとする動画投稿サイトを利用して、音楽だけでなく映像付きの動画として配信することができます。

音楽を「人と共有して楽しむためのもの」と考えれば、現代のギタリストにとって**動画コンテンツのアップロードはとても自然なこと**です。スマホを被写体に向けるだけで簡単に動画が撮れる時代ですが、そこでギタリストが「**自分の好きな音で届けたい！**（できれば映像もきれいに……）」と思うのは当然の性。

まずは筆者が公開しているギター試奏動画「タメシビキ！」（YouTubeで「タメシビキ！」と検索、チェックしてみてく

ださいね！）の中でのシステムを紹介しましょう！……と言っても、ごくごくシンプルなセッティングで収録しています。

まずカメラは**一眼レフカメラに単焦点の明るいレンズを装着**、それをメインのカメラとして撮影しています。ボケ味のある独特の雰囲気を作れますよ。

カメラにもマイクが付いているタイプなので、それで音声を収録しても良いのですが、やはり音の解像度には限界があります。

なので別途、録音システムを用意して、そのデータを後で映像と合わせるという方法をとっています。

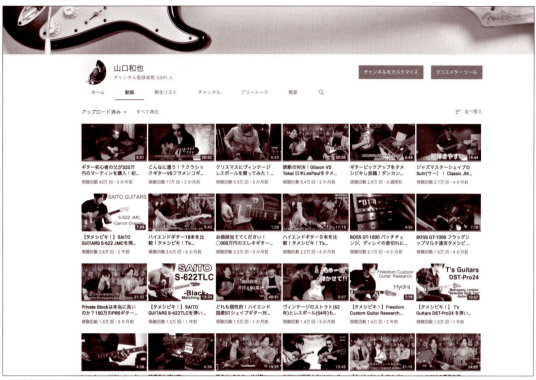

タメシビキ！！：さまざまな機材やギターを紹介しています。

ギター録音

　MacBook Pro+Logic pro X+RME FIREFACE UCX（オーディオインターフェイス）＋マイク録音や kemper などのライン録音

話し声などの録音

　ZOOM H4n Pro+ ピンマイク

映像と音声を合わせる編集アプリ

　Final Cut Pro

　宅録環境に、カメラと以上の編集アプリとレコーダーを追加すれば、誰でもある程度のクオリティで動画を作成することができます。

　もちろん単に画質と音質が良いだけでは良い動画にはなりませんが、まずはいろいろと工夫して試すということが、何よりも楽しくやりがいのあるものです。ぜひ皆さんもチャレンジしてみてください！

マイク、マイキングで知っておきたいこと

マイクの種類

一般的なマイクの種類は、構造によって「**ダイナミック・マイク**」と「**コンデンサー・マイク**」の2つに大きく分けられます。

ダイナミック・マイクはリハーサル・スタジオやライブハウスなどでよく見かける、お馴染みのマイクです。構造はいたってシンプル。空気の振動である音をマイク内部の振動板で拾います。その振動板の振動によって電気信号が発せられ、それが音になるという仕組みです。**マイク自体には電力が必要ありません**。大音量に強く、頑丈な作りというタフなマイクです。

音色は**中低域から中域を得意**とし、男性ロック・ボーカルやエレキ・ギターの収録に適しています。

コンデンサー・マイクはレコーディングの現場でよく見られるマイクです。ダイナミック・マイクとは違い、音の振動と静電気を利用して音を拾う構造です。特徴は何よりも高感度なことで、ダイナミック・マイクより**繊細でクリアなサウンド**でしょう。ただし「**マイクを駆動させるためのファンタム電源が必要**」「大音量に弱い」「壊れやすい（特に湿度、衝撃が苦手）」という弱点があり、取り扱いには注意が必要です。

繊細なボーカル、アコースティック・ギター演奏などには最適なマイクです。

ダイナミック・マイクの定番機種

シュアー　SM57：トレブルに特徴がある**シャキッとしたトーン**

SHURE SM57

ゼンハイザー MD421：中域や低域が拾いやすく**落ち着いたトーン**

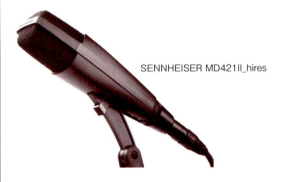

SENNHEISER MD421II_hires

ロイヤー R121：大きく分類するとダイナミック・マイクの範疇ですが、細かく分けるとリボン・マイクと呼ばれる種類のマイクで、**柔らかいサウンド**が特徴

Royer R-121

コンデンサー・マイクの定番機種

ノイマン U87Ai：王道の説得力で、どの周波数が飛び出すことも欠けることもないように聴こえる**バランスの良いトーン**

Neumann U87Ai

AKG C-414 シリーズ：やや中低域に密度があるサウンドでアコースティック・ギターとの相性が良い

AKG C-414

マイキングの位置や向きによる音質の変化

マイクの設置位置や角度によって、録音される音が変わります。これは**録音された音を耳で聴いてイメージとの相違を縮めていく**だけの作業です。何センチ離して、何度傾けて……というセッティングは、録りたい音、使用するギター、アンプ、弾き手、もっと言えば湿度、温度、場所によっても変わります。目安となるイメージと音を変化させる要素をざっくりと頭に入れたら、あとは**トライ＆エラー**でマイキングをその都度調整しましょう。

エレキ・ギターの場合

使うマイクは？

音を**ゴリッ**とさせたかったらダイナミック・マイク、**キラッ**とさせたかったらコンデンサー・マイクから試しましょう。

どこをねらう？

スピーカー（キャビネットの中に複数ある場合、その中から1番好みの鳴りのものを探す）の**中心とエッジ（外周）の間**を狙います。中心に近づくほど「**くっきりしたサウンド**」、エッジに近づくほど「**丸いサウンド**」になる傾向です。

距離は？

2〜3センチくらい離した位置から1センチずつ変化させて試しましょう。近くなると**低音、高音域ともに強調**され、離していくごとに**空気感が足される**傾向にあります。

角度は？

垂直〜45度（コーン紙に対しては垂直）くらいで調整しましょう。角度をつけていくごとに、**空気感はそのまま、音をまろやか**にしていくことができます。

アコースティック・ギターの場合

使うマイクは？

基本はコンデンサー・マイク、**ガッツリしたストローク**ならダイナミック・マイクも試したいところです。

どこをねらう？

ギターで高音から低音までバランス良く音が出ている所を探しましょう。基本的には**サウンドホールは低音成分が過多なのでNG**です。ネック・ジョイント～（15fジョイントのギターの）17fあたりをねらうとバランスを取りやすいでしょう。ボディ・エンド側からブリッジ付近の部分もねらいどころです。

角度は？

ややヘッド側からボディ方向の角度に向かってねらうとパーカッシブなジャキっとしたトーンを得やすくなります。ギターの上部からねらえば、床からの反響音も込みで収録できます。

距離は？

アンプの場合と同じく、近くなると低音、高音域ともに強調され、離していくごとに空気感が足される傾向です。全体がよく鳴るギターならば、やや離して全体の音を録るようにすると楽器の良さが生かせます。

アコースティック・ギターを録音する際のギターとマイクの一般的な位置関係（30～50センチ程度の距離感）やや上部から狙い、床からの反響音も収録するようなイメージ。

サウンドホールの正面は避け、ヘッド側からジョイント部あたりを狙うのが一般的

部屋鳴り（反響音）が多すぎる時は写真のようなリフレクション・フィルター（主にボーカル用ですが）を使う場合もあります。

録音する時に知っておきたい音作りポイント

クリーン・サウンド

きらびやかなアルペジオの場合

使用するギターは？

「鈴鳴り」と呼ばれる倍音感を得るには、シングルコイル・ピックアップのミックス・ポジションで挑むのが良いでしょう。テレキャスターのミックス・ポジション（フロント＆リア）や、ジャズマスターのミックス・ポジション（フロント＆リア）もやや暴れる感じが色気を感じさせます。もう少し綺麗な感じがいいならストラトキャスターのハーフトーン（フロント＆センター or センター＆リア）も良いかもしれません。この場合、ピックはミディアムあたりの厚さの少し柔らかいものを使いましょう。

使用するアンプは？

クリスタルなクリーン音色ならJC-120やCAEの3+（ch1）などが定番です。ムチッとさせたい場合はフェンダー系、ほんの少し歪みを混ぜたマーシャルのクリーンも存在感があってギター・ロック系の楽曲にフィットします。

EQは基本的にはフラットですが、歌のバックなどでは少しミドルを控えめにしましょう。

使用するエフェクターは？

コンプレッサーを使えば伸びのある包み込むようなコード・ワークが可能です。その他の選択肢としては、クリーン・ブースターやマーシャル系のややレンジが広いオーバードライブをごくごく弱い歪みでかける……というのも良さそうです。

あとコーラスなどのモジュレーション系は相性抜群でしょう。ディレイもテンポにフィットさせればフレージングの幅を広げることができます。

🔊 音で確認！耳で納得！

Track61 クリーン・アルペジオ
ストラトキャスター・タイプのフロントとセンターのハーフトーンにコンプレッサー、コーラス、リバーブ、ディレイを組み合わせたサウンドで、クリスピーで透明感のあるサウンドを演出しています。

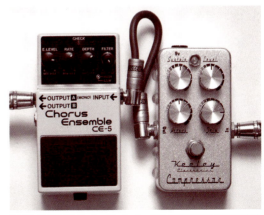

BOSS CE-5(左)、Keeley Electronics COMPRESSOR 4KNOB(右)

甘いジャズ系ソロ演奏の場合

使用するギターは?

可能なら、箱鳴りが得られるフルアコースティック・ギターを使い、フロント・ピックアップで演奏しましょう。特に単板スプルース・トップのギブソンLシリーズは**太い単音**が得られます。ES系ではピックアップの位置がややリア側になるので、音色も**ややシャープな印象**になります。

マニアックな話ではスケールの長さの違いもあり（例えばL-5はメイプル・ネック＆ロング・スケール、ES-175はマホガニー・ネック＆ミディアム・スケール）、**輪郭のはっきりした太い音**がLシリーズ、**やや遊びのある（比較的）シャープな音**がESシリーズというのが筆者のイメージです。

ピッキングはやや極端に感じられるかもしれませんが、フロント・ピックアップの真上あたりを中心に演奏してみましょう。ウェス・モンゴメリーばりの指弾きもチャレンジしたいところです。

使用するアンプは?

フェンダー系がしっくりくるでしょう。AER、DV Mark、POLYTONEなどもジャズ系ギタリストに人気のアンプです。ハウリングに注意しながらボリュームを設定して、**低音が膨らみすぎないように**EQをコントロールしましょう。

使用するエフェクターは?

昨今ではカート・ローゼンウィンケルやギラッド・ヘクセルマンのようにエフェクターを多用する人も増えましたが、やはり**エフェクト効果の少ないナチュラル・トーンが基本**でしょう。

エフェクターを使うのであれば、コンプレッサーやリバーブで存在感と雰囲気を演出しましょう。コンプレッサーが強めにかかった（やりすぎなくらいに！）ポール・ジャクソンJr.みたいなトーンも面白いと思います。

🔊 音で確認！耳で納得！

Track62 クリーン・リード
L-4のフロント・ピックアップでの演奏です。コンプレッサーの使用や、演奏でフロント側でのピッキング、オクターブ奏法を用いてジャズ・トーンを意識しています。

シャープなカッティングの場合

使用するギターは?

シャープなカッティングということであれば、シングルコイル搭載のギターで音作りを進めるのが定番ですが、レス・ポールやES-335のミックス・ポジション(フロント&リア)も捨てがたいでしょう。ストラトキャスターなどのミックス・ポジションとは異なるいなたい**ファンキーさ(ハイミッドにピークを持ちサスティーンの短い感じ)**が強調されます。

また変わり種として面白いのはフェンダーのデュオソニックⅡやムスタングのフェイズ・アウト・ポジション(フロント&リア・ピックアップで、一方の位相を逆にした状態)です。ノンエフェクトでも**フェイザーがかかっているようなサウンド**になり、レゲエっぽい裏打ちカッティングなどではバッチリすぎるくらいハマります。

使用するアンプは?

音の立ち上がりの速いコンボ・アンプがお勧めです。やはり銀パネ(フロント・パネルが銀色)のフェンダー・デラリバ(デラックス・リバーブ)あたりは最高ですし、JC-120も愛用者が多いアンプです。

使用するエフェクターは?

フェイザー、ワウ・ペダルなどのエフェクターとは相性バッチリです。それらならではのグルーヴのうねりが得られます。

場合によってはコンプレッサーやクリーン・ブースターなども利用しましょう。ただしダイナミクスがなくなってしまうほどかけすぎないように注意してください。

🔊 音で確認!耳で納得!

Track63 クリーン・カッティング
ES-335のセンター・ポジションでアル・マッケイ風のサウンドを狙っています。中盤でフェイザーを後半ではワウをかけ、ファンキーさを強調しています。

クランチ・サウンド

かき鳴らし系の コード・バッキングの場合は?

使用するギターは?

テレキャスターやジャズマスターのミックス・ポジションで弾けば、BUMP OF CHICKEN や RADWIMPS あたりの、**いかにもなバンド・ギター・サウンド**を出すことができるでしょう。P-90 ピックアップが搭載されたギターも、そういった独特のクセの演出に適していると言えます。

ハムバッカーで望む場合、**ハイ・パワーなものではアタックが潰れる傾向**があります。ハムバッカーの場合は PAF タイプのロー・ゲインなピックアップが搭載されたものをチョイスしましょう。

使用するアンプは?

コンボ・アンプなら箱鳴り感がある VOX AC30 や ORANGE、スタック・タイプなら Marshall の 1959 SUPER LEAD や JCM800 あたりが**ジャキっとしたトーン**を得るのに最適でしょう。特に低音の出方が違うので、そのあたりに注意しながら、好みで選択してください。**ミドル〜ハイミッドの帯域**を軸にサウンドを整えていきます。

使用するエフェクターは?

クリーン・アンプに歪みペダルで音を作るなら、マーシャル・タイプまたはトランスペアレント・タイプ（透明感があり、クセがなく色付けが少ないドライブ・ペダル、Pail Cochrane の Timmy などが代表的なモデル）の**レンジが広いタイプ**がお勧めです。TS（チューブ・スクリーマー）系だと**ややミッドが膨らみすぎてもっさりした印象**になる可能性があります。

🔊 音 で 確 認 ！ 耳 で 納 得 ！

Track64 クランチ・カッティング

ジャズマスターのミックス・ポジションで切れ味のあるサウンドを狙っています。トラックはダブリングしており、それぞれを左右に思いきりパンすることでステレオ感を出しています。

雰囲気のある アメリカン・ロック系 アルペジオ

使用するギターは?

ガッツリ芯のあるレス・ポールのリア・ピックアップなんかは最適じゃないでしょうか？　あえて硬めのピックで、ブリッジ寄りのピッキング、フロント寄りの軽いタッチでの白玉を混ぜつつ、**音の立体感**で聴かせるようなイメージです。

使用するアンプは？

　フェンダー系でもよく歪む HOT ROD や SUPER-SONIC などをチョイスしてクランチを作れば、**いかにもアメリカンなサウンド**が得られるはずです。Two Rock などのダンブル系アンプ（ダンブル・アンプそのものは希少なので、とても高価！）のゴリッとしたトーンも似合うでしょう。

使用するエフェクターは？

　トレモロやビブラートが定番なエフェクトでしょう。デプスやスピードは「かかってるかな？」くらいに控えめにかけ、スピードもテンポにきっちり合わせずアバウトにしてちょうどよい所を探してみましょう。やや長めのリバーブで**おおらかなフィール**が出るとなお良しです。

🔊 音で確認！耳で納得！

Track65 クランチ・アルペジオ

レス・ポールのリア・ピックアップで、やや薄いミディアム・ピックで弾いています。位置、角度をコントロールしながらニュアンスを際立たせるピッキングも意識したいところ。加えてトレモロで定番のアメリカン・サウンドを演出しています。

ニュアンスたっぷりの ブルース系リード・プレイの 場合

使用するギターは？

　やはり**音が揺れる**ギターが良いでしょう。逆に「指板面が完璧にセットアップされていてチューニングもバッチリ、一切のバズ音も出ないようなクリーンなギター」でこの手の雰囲気を出すのはけっこう難しいです。**一般的な良いギターが、どのシチュエーションでも良い結果を生むとは限らない**のです。

1964年製 Gibson ES-330：この音源で使用したギター。シン・ボディ（薄型）+フルアコースティック構造+P-90 の仕様は ES-125TDC などと同様。兄弟ギターとして、エピフォンのカジノが有名。フルアコ構造による深み、P=90 のタッチ＆ニュアンスの表現力はブルージィな演奏にバッチリです。

155

ヴィンテージのストラトで鈴鳴り感を生かしながらバズ混じりにセンター・ポジションを強いピッキングで弾けば、**スティーヴィー・レイ・ヴォーン的なサウンド**が得られますし、60年代ES-125TCDあたりのシン・ボディ（薄いボディ）のフルアコでリアのP-90を選択、こするように弾けば**サスティンのないイナたいサウンド**が作れそうです。想像しただけでもいい感じですね（笑）。

使用するアンプは？

伝統的なブルース・サウンドを目指すのであれば、間違いなくフェンダー・アンプでしょう。B.B.キングやスティーヴィー・レイ・ヴォーンなど、さまざまなブルース・ギタリストの音源で、そのトーンを聴くことができます。

その他Two RockやBludotoneなどのダンブル系（後期のレイ・ヴォーン、ロベン・フォード、ラリー・カールトンなどが愛用）アンプも、そのダイレクトでレスポンスの良いサウンドが、ジョン・メイヤー、マット・スコフィード、ジョシュ・スミスといった現代のブルース・ギタリストにも愛されています。

使用するエフェクターは？

濃密なミドルが特徴のTS（チューブ・スクリーマー）系の歪みエフェクターはストラトキャスターでのリード・プレイに最適でしょう。ゴテゴテとエフェクトをかけず極力シンプルなセッティングにするのがベストでしょうが、スプリング・リヴァーブがたっぷりかかっているのも、**独特のイナたい雰囲気**が強調されて演奏に気分が乗ります。

DTM環境ではそれに加えてほんの少しだけ短めのルーム・リヴァーブもかければ、**小さいクラブで演奏しているような反響**が得られ、さらに雰囲気が増すはずです。

🔊 音で確認！耳で納得！

Track66 クランチ・リード

ES-330に甘めのオーバードライブをかけ（画像）、古臭い感じを狙っています。やはりフルアコならではのレスポンスや短いサスティーンがバッチリハマる感じがします。

山野楽器オリジナル PLATINUM DUAL DRIVE

ディストーション・サウンド

伸びやかなハード・ロック系リード・プレイの場合

使用するギターは？

伸びやかなサスティーンを得るには、ハムバッカーを搭載した少し重量のあるギターを選びましょう。ニュアンスは均一化する傾向にありますが、やはりハイ・パワーなセラミック・マグネットのピックアップがこの手の音楽にはベスト・マッチです。

またフィードバックが得られる環境であれば、シングルコイルでも**サスティーンがありつつエッジーで迫力あるサウンド**は出せますが、その時もハムキャンセル機能のあるノイズレス・タイプのほうが、ハイ・ゲインな環境では有利でしょう。

スピーディなチョーキングやレガート・プレイ、ワイドなヴィブラートを演奏するのなら、フィンガリングの負担が減る、高めでワイドなフレットと細めの.009ゲージの弦を使用することをお勧めします。

エディ・ヴァン・ヘイレンのような**急激な音程変化で爆撃的に弾きたい**場合はフロイド・ローズのようなロック式トレモロもマストでしょう。

使用するアンプは？

やはりDiezel、EVH、MarshallのJVH410などのハイ・ゲイン・スタック・アンプがマッチするでしょう。リード・サウンドということで、**ミドルの薄いドンシャリ・サウンドはNG**。オケに埋もれてしまいがちです。

ここではツマミを駆使して**800Hz付近をややブーストした存在感のある**

Fujigen ELAN：急激な音程変化を表現できるロック式トレモロ、高めで弾き心地もなめらかなステンレス・フレット、.009インチ〜の細めのゲージと低い弦高、ハイ・パワーなハムバッカーなど、ハード・ロック/ヘヴィ・メタル専用機としてFujigenにオーダーして製作したギター。

トーンを作りましょう。ただし**音色が劇的に変化する帯域**なので、動かす量はごくごく細かく慎重に好みのサウンドに調整していきましょう。

使用するエフェクターは?

アンプ単独で音色を作る以外では、アンプの歪みはやや抑えめにしておいて、オーバードライブ系の歪みエフェクターをブースターとして併用しつつ**飽和感のある音色**にするのも良いでしょう。この際はミッドが強調されるケースが多いので、**その変化に合わせてアンプのEQも調整**します。

より存在感を増す方法としては、左右に広がるピンポン・ディレイなども、スティーヴ・ヴァイのようなインスト曲をメインとするギタリストに多用されています。

その他にもオクターバー、ハーモナイザーなどを薄く使用することで、さらに存在感を増すことができます。ただしこの効果はレコーディングのシチュエーションでは、実際に演奏したパートを重ねるほうが頻度としては多いようです。

🔊 音で確認!耳で納得!

Track67 ディストーション・リード

深めの歪み、トレモロを使用して、伸びのあるなめらかなヴィブラートを強調しています。中盤からオーバーダブしてハモリ、後半はオクターブ・ユニゾンを加えてハード・ロック・ギター・インストものでよく聴かれる音を狙いました。

重いモダン・ヘヴィネス系パワー・コード・バッキングの場合

使用するギターは?

やはり重量が重くハムバッキング・ピックアップを搭載したギターが、重低音の再生には有利です。しかし近年のジェント系と呼ばれるジャンルでは、**バリバリとアタック感のあるピックアップ・サウンド**をハイ・ゲインのアンプで鳴らすサウンドもトレンドとなっており、ストランドバーグのような軽めのギターにレンジの広いコイルレス（LACE 社製のAlumitone）を載せたギターも使用されることが多いようです。これは結局の所、アンサンブル内では**ギターの不要なロー・レンジをカットして、マスキングによる全体のサウンドの薄まりを回避することが多い**ため、理にかなった進化だと言えます。

さらにサウンドのヘヴィ化に伴い、多弦、エクストラ・ロング・スケール（ダウン・チューニングによる張力の低下を軽減できて、ピッチも安定させることができる）を採用したギターを使って、チューニングを下げることも必要不可欠な選択肢となっています。多弦ギターでは各弦のオクターブ・チューニングの整合性を図るためにフレットが扇状に斜めに打たれた「ファンフレット（Fan Flet）」を採用し

ているギターもあります。

使用するアンプは？

基本はハイ・ゲインなアンプを使いますが、それ以外では**あえて高品位なアンプ・シミュレーターを使用する**というシチュエーションも定番となりつつあります。**クリアでタイトなロー・レンジの再生**には、そういったライン環境（下画像）のほうが有利なケースがあります。

使用するエフェクターは？

ハイ・ゲインな環境ではハム・ノイズやギター演奏上のタッチ・ノイズにシビアにならざるを得ません。例えば急激なブレイクや細かい休符に対応する場合、ノイズが少し漏れただけで興ざめしてしまうこともあるでしょう。そんな場合にはノイズ・リダクションを適度に設定してハム・ノイズをカット、ナット付近に弦の余分な振動をミュートする「フレット・ラップ（写真）」などを装着してノイズレ

スな環境を作ります（実際の録音ではDAW上の波形編集でバサッと切る場合が多いかもしれません）。

さらに広がりのあるステレオ感を得るため、同じ演奏を録音して左右に思いきりパンを振った（極端に左右に振理分けた状態）ダブリング・テクニックやEQによる低音の調整（ベースやバス・ドラムの音域と干渉しないようカット）は、必ずといっても良いくらい施される処置です。

クッションをネックに巻き、余分な開放弦ノイズを防ぐGruv Gear FretWraps

🔊 音 で 確 認！耳 で 納 得！

Track68 ディストーション・ヘヴィ・リフ

7弦ギターでの演奏です。ミュート・ピッキングでヘヴィさを強調。中盤からは波形編集で通常ではミュートしきれない間の余韻をばっさりカットしています。後半はさらにそれをダブリングして広がりを出しています。チューニングはピッチの上がりを想定して7弦のみ、やや低め。

今回の音源の使用アンプ：KemperのDiezelアンプ・プロファイル

その他にレコーディングで知っておきたいことって？

モニタリング環境

　モニタリング環境の構築は、レコーディングのクオリティ向上のため、何を差し置いても重要なことです。まずは高品位なモニター・ヘッドホンの用意。初心者は録音時のモニターがやりやすい**「解像度が高い密閉型」**のヘッドホンを手に入れましょう。特にソニーのMDR-CD900STは国内レコーディング・スタジオに必ず置いてあるほどの密閉型の超定番。**他のミュージシャンやエンジニアと共通の環境を手に入れる**ことは、音作りのためには大きなアドバンテージです。さらに海外での定番AKGのK240MKII（セミオープン）など、他にも複数の定番ヘッドホンを用意しておけば、より確実に音を確認できるはずです。

　アコギの場合はヘッドホンからの音漏れが録音されてしまうこともあるので、**音漏れしにくいカナル型（耳栓型）**のモニター・イヤホンを使用する場合もあります。ただし楽曲のミックス作業や全体像を把握する際、ヘッドホンだけでは**超低音域の量が見えにくい**ため、可能であればモニター・スピーカーも用意したいところ（8030以下の小型のGENELEC、低価格帯ではJBLのLSR305がお勧め）。自宅録音の環境で大きな音が鳴らせない場合にも、良いモニタリング機材があるのとないのとでは音の見え方が全く違ってきます。

国内のスタジオに必ず置いてあると言っても過言でない密閉型の定番、SONY MDR-CD900ST

高解像度なパワード・モニター・スピーカー、GENELEC 8030

オーディオインターフェイス・マイク・プリアンプ

　オーディオインターフェイスもレコーディングのクオリティを決める重要な要素。基本的には「**ギターのアナログ信号をデジタルに変換してPCに送る**」、またはその逆で「**録音されたデータをモニタリング用のヘッドホンやスピーカーで鳴らすため**」の音の出入り口です。

　役割はそれだけではなく、**楽器レコーディングに致命的なレイテンシーの緩和、微弱なマイク信号を録音レベルまで持ち上げるマイク・プリアンプ機能**も含んでいます。マイクプリアンプ機能は音を持ち上げるというシンプルな役割だけに特に影響度が大きく、マイクプリアンプのクオリティ次第では、せっかく上質なギター・サウンドを上質なマイクで集音しても**良い音が録れない**……という悲しい結果になります。

　プロクオリティを目指すなら、内蔵のプリアンプのクオリティが高いインターフェースを選ぶか、別途専用のマイク・プリアンプ（UNIVERSAL AUDIO LA-610 MKIIなど）を用意しましょう。

ライン録音方法の選択肢

　一口にライン録音といえど、昨今はさまざまな環境が考えられます。それぞれのサウンドの傾向やメリットを把握しておくことは、自分が出したい音を出すための大きなアドバンテージとなるに違いありません。

ハードウェア・アンプ・シミュレーター

　アンプ・サウンドをまるっとコピーするKemperや多数の高度なエフェクト処理を行うAxe-Fxなどのサウンドは、一聴しただけでは**マイク録りのギター・サウンドと聴き分けがつかない**ほどにハイ・クオリティです。

　筆者は某楽器店主宰のオフィシャルな比較イベントで、両者と自分のアンプをライブハウスで聴き比べる機会がありましたが、どちらもモニターからのサウンドはバッチリ、特に自分のアンプをプロファイリングしたKemperのサウンドは**まったく本物の音と区別がつかない**ほどでした。それ以来Kemperはレコーディングの現場でよく使っています。

　他にもキャビネット・エミュレーションを搭載したリアクティブ・ロード・ボックスは、実際のアンプを使用しながらもキャビネットを鳴らさずにハイ・クオリティなライン録音を可能にした機材で、多くのプロ・ギタリストが自前のアンプをシチュエーション問わずに使うため、用いています。Universal AudioのOXはIR（※）を使用しないモデリングでスピーカーの挙動を含めたリアルなアンプの動作を再

現、ついにここまで来たか……という、限りなく違和感の少ないシミュレーターです。

　ここで重要なのは、もはや「どれが本物っぽい」という次元ではないということです。それぞれにサウンドの個性があるので、この中から**好きなものをチョイスできる耳を養う**ことが1番の課題でしょう。

※ IRとは：Impulse Response（略してIR）とは簡単に言うと、機材や環境がサウンドに与える影響特性を記録した短いオーディオ・ファイルのことです。数多くのアンプ・シミュレーターがこのデータを用いてアンプ・サウンドを再現しています。

UNIVERSAL AUDIO OX

ソフトウェア・アンプ・シミュレーター

　ソフトウェア・アンプ・シミュレーターは、Guitar RigやAmpliTube、BIASといったレコーディング・ホスト・アプリ上でプラグ・インとして利用できるアンプ・シミュレーターのこと。BIASは真空管の交換など、プリアンプ、パワー・アンプ、トランス部分の細かいエディットでき、その他キャビネットやマイキングのシミュレートに特化したTwo notes Audio EngineeringのTorpedo Wall of SoundやIR（インパルス・レスポンス）ローダーとしてIgnite AmpsのNadIRなどを併用することで、よりこだわったマニアックなセッティングにすることも可能です。

　かけ録り（音色を決定した音を録る）のハードウェアとは違い、「後がけ（素のギター音を録音したあと、PC上で処理をする）」が可能、つまり**後から音色を変える**ことができるメリットがあります。

　昨今よくあるアレンジャー発注の「宅録＆データ納品でのレコーディング」の場合、あとでディレクターから「やっぱりもう少し歪みを抑えて！」などと変更オーダーが来ることがあります。通常ならば録り直さなければなりませんが、後がけのソフトウェア・アンプ・シミュレーターなら、設定を変えて再度書き出すだけでオーダーに応えることができます。

　録音はギターをそのままオーディオ・インターフェイスに接続するだけ。気をつけなければならないのはインピーダンス。入力にHi-Zと書かれていれば通常のギターのハイ・インピーダンスとのマッチングに問題はありませんが、その表記がない場合には**インピーダンスのミスマッチで音質の劣化**が考えられます。その際はバッファーやバッファー機能のあるコンパクト・エフェクターを前につないで録音しましょう。

アコースティック・ギターで知っておきたい音作りポイント

アコースティック・ギターでは基本的にエレキ・ギターほどの劇的な音作りの余地はありませんが、使用するギターや機材である程度の調整が可能です。

ブランド

アコースティック・ギター、特にスティール弦ではマーティンとギブソンの2つが伝統的なブランドとして存在、今なお多くのギターがそれぞれの影響を受けて製作されています。両ブランドに多くの機種が存在しますが、サイド＆バックにローズウッド、指板にエボニー材を使い「**比較的硬質で洗練されたきらびやかな音が特徴のマーティン**」、サイド＆バックにマホガニー、指板にローズウッドを使い「**比較的柔らかく泥臭いブルージィな音が特徴のギブソン**」というイメージこそ、多くのギタリストが抱く基本傾向イメージかと思います。女性的なバラードにはマーティンでアルペジオ、男性的なロックならギブソンでストローク……ベタではありますが、曲にマッチしたギターを選ぶとこの選択になることが多いのではないでしょうか。

エレキ・ギターの世界のフェンダーとギブソンのように、アコースティック・ギターの世界でも、マーティン系、ギブソン系、それ以外……というブランドごとのサウンド傾向があり、さらに材の構成などからカテゴライズされるのが一般的です。

🔊 音で確認！耳で納得！

Track69 マーティン
聴き馴染みのある高音域はさすがの説得力。

1973年製 Martin D-35：一番バランスの良いサウンドが得られるマーティン、という印象のモデル。バックがローズ2ピースのD-28が最もポピュラーですが、こちらは3ピース。程よく低域が抑えられつつ倍音感が強調され、全体的に柔らかい雰囲気で、歌のバックなどには最適でしょう。実際70年代のフォークシンガーはこのモデルで数々の名演を残しています。現時点では価格もヴィンテージ市場では高騰していないため、コスパがよく、お薦めのモデルです。

🔊 音で確認！耳で納得！
Track70 ギブソン
特に後半のストローク部分でセラミック・ブリッジ独特のレゾナンスが際立ちます。

弦の音色

アコースティック・ギターの弦には、銅が80%でスズが20%のブロンズ（Bronze）、ブロンズ弦に「リン」を含ませたフォスファー・ブロンズ（Phosphor Bronze）の2種類があり、それぞれサウンドの傾に違いがあります。

ブロンズ

- 中低域にコシがあるサウンド
- ギター本体の木の鳴りを生かした音

フォスファー・ブロンズ

- 高音がよく響く、きらびやかなサウンド
- サスティーンがあり、弦の鳴りに主張があるサウンド

1964年製 Gibson J-45ADJ。最もギブソンらしいとも言えるアジャスタブル・ブリッジを搭載。ややミドルの抜けたパーカッシブな音は素朴でブルージィ、特に男性ボーカリストを中心に絶大な人気があります。

サイドのスクリューで弦高が調整できるアジャスタブル・ブリッジ。ブリッジ自体はセラミック製でコロコロとした独特の響きです。

you can find your best guitar sound

164

カポタスト

　弦をネックもろとも挟むようにフレットを押さえて演奏の補助をするカポタスト（カポ）。その重量は各メーカーごとにかなりの差があり、それが**サウンドにも少なからず影響します**。

　洗濯ばさみのようにバネ式で挟むタイプは、カポとして使用しない時は**ヘッドに装着することでギターのサウンドを変える**ことができます。

・軽量なカポ
　ナチュラルでそのギターのサウンド傾向を変えない。

・重量のあるカポ
　サスティーンが増えて音色が落ち着き、まとまる傾向になる。

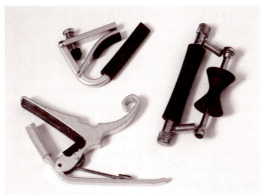
形状や重量、弦を押さえるバネの力もそれぞれ違うカポ。

　その他、先述のボディ・サイズの選択、ピックの種類、ブリッジの素材、ブリッジ・ピンの材質でも**音色を大きく変えることができます**。

　さらに主にライブで活躍するエレアコ（エレクトリック・アコースティック・ギター）の場合は、サウンドの調整に関するポイントはもう少し広がります。そこも解説していきましょう。

マイク・シミュレーションのミックス

　エレアコではライブ時、足元にアコースティック・ギター用のプリアンプや DI を接続して PA に信号を送ります。

　これはいわばアコースティック・ギター用のマルチ・エフェクターのようなもので、主に EQ やコンプレッサー、リバーブ、ハウリング対策用のノッチフィルターなどを調整しての音作りを可能とした多機能な機種が市販されていて、一般的になっています。

　エレキ・ギター用と大きく違うのは、ピックアップのドライなサウンドに**マイキングをシミュレートしたアコースティック・ギターらしい響きをブレンドする機能**が備わっていることです（FISHMAN の AURA SPECTRUM DI、BOSS の AD-10 など）。これにより、ピエゾなどの硬いエレアコ・サウンドから、**ふくよかでプレゼンスの効いた倍音豊かなサ**

ウンドを作り出すことができます。混ぜる分量が多くなりすぎると抜けないサウンドになる傾向がありますが、程よく調整すれば、ピエゾやマグネティック・ピックアップだけの場合でも、**まるでマイキングしたかのようなサウンド**を作ることができます。

このようなシミュレート機能を持ったプリアンプをギター自体に内蔵しているエレアコもあり（GODIN の Multiac Nylon Duet Ambiance など）、特にコンデンサー・マイクが使いにくいライブのシチュエーションでは積極的に音作りに生かしたい機能です。

🔊 音で確認！耳で納得！
Track71 マイク・イメージ・ブレンド
ややコロコロとしたクセはあるもののシャリッとした高域でピエゾの独特の硬さを和らげている印象。

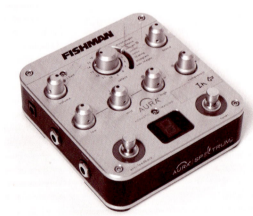

FISHMAN AURA SPECTRUM DI：スタジオでのマイク録りをシミュレートしたサウンドをミックスしてドライなピエゾやマグネティックのサウンドに響きを加える。

ピックアップのブレンド

複数のピックアップ・システムを持っているエレアコであれば、それらの音をブレンドすることで**サウンドのカラーを調整する**ことができます。

ピエゾ・ピックアップ、またはマグネティック・ピックアップのサウンドをベースに、コンデンサー・マイクのサウンドを少しずつ足していくというのが、現場での一般的な調整法でしょう（コンデンサー・マイクのサウンドを上げすぎると芯がなくなったりハウリングの原因になります）。

そのミックス調整がギター内部でできるものもありますが、こだわり派のアコースティック・ギター奏者はそれぞれをいったんアウトプットして、外部ミキサーを使って**それぞれの音を調整した上でブレンド**することが多いようです。その際に役立つ、入力が複数可能でブレンド機能を搭載した DI ／プリアンプも、少数ですが市販されています（BOSS AD-10 など）。

🔊 音で確認！耳で納得！
Track72 ピエゾ+コンデンサー
Track73 マグネティック+コンデンサー
ワイド・レンジなピエゾ・ミックス、ややフォーカスしてガッツのあるマグネティック・ミックス。ピックアップの機種によっても変わるため、この音源の印象を参考に各自いろいろ試してみてください。

付録 1

ギター購入で失敗したくない！ トラブルは避けたい！
絶対見逃せないマストな チェック・ポイントは？

ネックのチェック

楽器屋さんにあったギター自体のサウンドが気に入ったとしても、そのギターの状態に問題があれば、本来の力が出せなかったり、リペアにコストがかかってしまう結果になります。

特に楽器のクオリティの柱であり交換の効かない**ネック**（ネックを換えたら、もはや別の楽器……）の状態はしっかりチェックしておきましょう。

まず**6弦の2フレット**とネック・ジョイント部**16〜17フレット**を同時に押さえて**5フレット付近の弦とフレットの隙間**を確認します。

同じことを1弦で行い、**その隙間の差を比較**します。どちらも同じくらいの隙間ならひとまず安心。その時に隙間が**1ミリ以上あるようなら順反り**なので、トラスロッドを締めてもらって再度確認します。逆にフレットと弦が**べったりくっついて隙**間がなければ、今度は**逆反り**なのでトラスロッドを緩めてもらいます。

これで調整が効くようなら、そのネックは合格です。

まずいのは**隙間の間隔が6弦と1弦で違う時**です。この場合は、指板がうねっていたりネックがねじれていたりする可能性があるので、指板修正などのリペア（高額のリペア）を覚悟しなければなりません。

指板の状態が良くないと「弦高が下げにくい」「トーンがばらつく」という点で奏者にストレスをかけてしまうのです。これでは**出したい音から遠ざかることになりかねません**。

ただし最終的に「その状態が OK かどうか」は、**耳と指で判断**しましょう。**ネックの状態が正常でないことを差し引いても「良い楽器」**という状況もあるからです。

以下、続けてチェックすべきポイントをあげます。

自分でチューニングしてみる

店員さんがチューニングしてくれる場合が多いですが、改めて自分でもチューニングしてみましょう。**ペグの状態**（緩みがないか、精度は良いか）、**ナットの状態**（滑りの良くないピキピキと鳴る状態はチューニングが合いにくい）を確認できます。

特定のフレットでの音詰まりがないかチェックする

ロー・フレットで音が詰まる場合はネックの**逆反り**、ハイ・フレットで音が詰まる場合は**順反り**を疑いましょう。詰まりやビビりがあっても、すぐブリッジ、サドルの高さで調整するのではなく、最初に**ネックの状態が正常かどうか**を確認します。

全弦、全フレットで1音ずつ鳴らしてみる

指板面、フレットの状態によるビビリ音、楽器の振動のクセによるデッド・ポイント（特定箇所だけに起こる、サスティーンや音量の減少）を確認します。**デッド・ポイントは原因が特定しづらいので**、重度のものは購入要検討でしょう。

ネック接合部分に亀裂がないか確認する

ヴィンテージ・ギター（特にフル・アコースティック系）によくある症状で、ネック・ヒール部分を確認すると、ボディとネックの接合部分に塗装の亀裂があることがあります。これが表面のみの亀裂であれば、特に気にすることもないですが、中の接合部分が剥がれたことで隙間が空いてしまっているものもあります。

亀裂部分に薄い紙などを差し込んでみて、紙が入ってしまえばアウト。ネック元起きが起こり、弦高が下げられなくなる原因になります。

スイッチを切り替えたりボリューム、トーンを回してみたりする

接点不良によるガリノイズはよくあるトラブルです。ジャック部も少し触っただけでノイズが出る場合は交換してもらったほうが良いでしょう。

チューン・オー・マチック・ブリッジの湾曲をチェックする

ギブソンなどに搭載されているチューン・オー・マチック・ブリッジは、長年の弦によるテンションで**中央部分が凹むように曲がってしまっていること**があります。

そうなると3〜4弦の弦高のみが下がってしまい、**音質にばらつきが出る原因**になります。ボディ・エンドから見て湾曲がないかを確認しておきましょう。

トップ落ちをチェックする

フル・アコースティック・ギターの場合、弦の圧力がかかるブリッジをアーチがかかったボディのトップ板だけで支えることになります。

このアーチが**長年の使用で圧力に負けて徐々に凹んでしまうこと**をトップ落ちといいます。

ボディ・サイド側からも形状を目視で確認することができますが、併せてブリッジが異常に高くセットされていたら、この症状を疑いましょう。

トップに設置されたピックアップと弦の距離が離れて**出力が小さくなりすぎる原因**になります。

トップの膨らみをチェックする

フル・アコースティック・ギターとは逆に、**トップが膨らむのはアコースティック・ギターの定番のトラブル**です。

弦のテンションに引っぱられてトップが膨らんでしまうのですが、その結果として弦高が上がります。

この時はブリッジ・サドルを削って対処しますが、それでは対処しきれなくないものは外から圧力をかけての修正、あるい

はブリッジの交換という大きなリペアが必要になります。

結局は弦高が上がりすぎて弾きにくくなるということが問題なので、見た目でわかりにくければ、現状の弦高が適正かどうか、サドルの高さに余裕があるかどうか（余裕があれば削って対処できます。3mmくらい余裕があると将来的にも安心）などをまず確認しておきましょう。

ブリッジ浮きをチェックする

アコースティック・ギターのブリッジとボディの接合部分をボディ・エンド側から確認します。ここに隙間があることがありますが（前述のネック接合部分と同様、やはり紙を差し込んで確認）、その隙間が大きすぎる場合、使用している間にブリッジの剥がれなどのトラブルを起こしてしまう可能性が高いので注意しましょう。

隙間がごくごく僅かであれば、ギターへ外から力がかかった際のダメージを抑えるための処置（強固に固定してしまうとブリッジが剥がれる前にトップが割れて致命傷になる）で、**あえて隙間を作っているセッティング**の場合もあります。

詳しい楽器店スタッフにその点を確認すべきでしょう。

トレモロ・ユニットの状態を確認する

フェンダー系を始め多くのギターに搭載されているトレモロ・ブリッジもしっかりとチェックしておきましょう。しっかりアームが差し込めてガタツキなく固定できるか

どうか、**音程変化のカーブは好みか**、チューニングが大きくずれてしまわないか……このあたりも問題が起きやすい要チェックポイントです。

ヴィンテージ・ギターを買ったけどピッチが良くない!どうする?

精度の高い現代のギターに慣れてしまったギタリストには衝撃的な事実かもしれませんが、「基本的にそういうものだ」と思いましょう（笑）。

もちろんヴィンテージだからといってピッチが悪くて弾きにくいものばかりではありませんが、現代の楽器に比べれば甘い部分が多いのも事実。ピッチを含めてその楽器の個性を楽しめるまではヴィンテージ・ギターに手出しは無用です。

しかし**古いレコードから聴こえてくる音ドンズバなそのサウンド**に惚れ、できるだけ多

くのシチュエーションでヴィンテージ・ギターを使いたいという気持ちもよくわかります。

ロー・フレットでピッチが悪い時はナットやフレットの減りを、ハイ・フレットであれば大抵はフルアコの木製ブリッジやテイルピース・ブリッジなどが原因のオクターブ・チューニングのずれを疑いましょう。リペアやパーツ交換によって改善する場合もありますが、その時は**サウンド傾向の変化**も覚悟するべきでしょう。

チューニング精度をとるか、サウンドをとるか、**楽しい悩み**です（笑）。

Column

楽器店で試奏する時のコツは?

プロ・ギタリストの場合、楽器購入を検討している時に、メーカー、代理店、販売店などからそのデモ機を貸して頂けたり、仕事現場に持ってきて頂いたり……と「いつもの環境」で試せる機会があります。これは本当にありがたく、「頑張ってきてよかったな……」と心から思う瞬間でもありますが、なぜこんなことまでしてくださるのかというと、みんな「現場で使ってみないとわからない」ということをわかっているからです。楽器選びって難しい（楽しい!）。しかし通常はこのような機会を得るのはなかなか難しく（プロであっても感謝感激のレアケースです）自分にとって良い楽器を見つけるには楽器店で可能な限り吟味するほかないのです。特に経験が浅いうちは、欲しい楽器を楽器店でなんとなく選ぶ、ましてや通販でゲットするなんてことは実はギャンブルに近い行為となります（運試し!ということなら否定はしませんが!）。

ではどうするか？　こちらの環境に持ってこれないなら、**可能な限り「こちらの環境を持っていけばよい」**のです。新しいギターを選ぶのなら、いつも使っているギター・アンプやエフェクター、ピック、さらに比較対象として現在のメイン・ギターも楽器店に持ち込ませてもらうのです。大がかりなものでなければ店員さんも嫌な顔はしないはずです（ただし事前に連絡・相談はしましょう）。それどころかこちらの真剣に楽器を選ぶ姿勢を応援してくれるかもしれません。とは言っても何も準備がない状態、いわゆる飛び込みで入った楽器店で**目当てのギターを見つけちゃう**という事態もあるはずです。そういった時は以下のことを意識しながら試奏しましょう。

- **そんな突然の出会いのためにもピックはいつも持参**
- **アンプにつなぐ前に生音のチェック!** ※基本的なサウンド傾向や楽器の不調を確認
- **馴染みのあるギター・アンプで試奏させてもらう**
- **迷惑にならない限界まで大きい音量にセット** ※ピックアップのマイクロフォニック現象などの確認
- **あとは好きな音になるまで、弾き方、セッティングを模索　エフェクトを多用する演奏スタイルなら、それもかけてチェック**
  ※それで好きな音にならなければ「違う」のかも？
- **比較対象として他のギターも借りてみる** ※自分の普段のギターに近いタイプを選択

　以上のことを守れば、良い「出会い」に近づけるはずです。グッド・ラック!

試奏に関して〜楽器店さんから〜

三木楽器 アメリカ村店　**中井 勝**（アメリカ村店 店長）

・楽器を選ぶ際にチェックしてほしい点

　新品の楽器や中古品、ヴィンテージ楽器などによってチェック・ポイントが異なると思います。

　新品ですと、メーカー推奨の基準値でのセットアップが基本となりますが、**ネックが反っていないか、弦高が高くないか**などを店員さんに相談されるのが良いと思います。

　中古品、ヴィンテージ楽器ですと、**フレットに凹凸がないかどうか、フレットの残り、音詰まりがないか、また接触不良がないか**などをチェックしてもらうと良いですね。

　楽器店で直接楽器を買う利点として、ひとつは**気に入った楽器を自分に合ったセッティングにしてもらい購入できるチャンス**だということ、もうひとつは店員さんと親しい関係を築くことで**今後の楽器のメンテナンスの相談もしやすくなる**ということがあると思います。

　まず大事なのは、楽器店で展示されている楽器の中で、**素直に「カッコイイ」って思えるギターがあるかどうか**だと思いますが、それが見つかって自分に合ったセッティングで末長くプレイできるギターに仕上がれば、なお良しですよね!

　もっとシビアにチェックされるようであれば、御自身の機材も持ち込んで試奏することで普段のサウンドとの差が明白になることが多々ありますので、いざ購入という時は**普段使っている機材を持ち込むのはあり**だと思います。

・良い試奏の仕方

　試奏の際、複数の楽器店で弾き比べることが多々あるかと思いますが、まずは試奏される際に**ギターを繋げるアンプを指定する**ことで、アンプごとの差を最小限に抑えることができますよね!　あと楽器店で試奏する際のマナーとして、身につけているアクセサリー（指輪、キーチェーン、ベルト）は事前に外しておくとか、ピック・スクラッチが付かないように配慮した試奏を心がけるといったことも大事ですよね!

・アドバイス

　2本目以降のギターを探している場合は、今使用しているギターへの演奏性やサウンドへの悩みなどを相談することで、自分が求めているギターを店員さんにも一緒に考えてもらうことができると良いと思います。まずは相談しやすい店員さんを作ることが一番大事だと思います。

付録2

ライブで「最高のギターの音」で弾くためのトラブル回避術

❶もうすぐライブ当日!弦を張り換えるタイミングは?

本番の直前に弦を変えるのは、安定度の問題では避けたほうが無難です。**ライブ前日や当日の朝ぐらいに交換**して、弦のたわみがなくなり、チューニングが安定したことを確認した上で本番に備えましょう。

ただしガット弦の場合は弦を張り換えてから**1日や2日では弦が伸びきらず**、演奏中にもどんどんチューニングが動いてしまったりします。無理に弦を伸ばすことを考えるのではなく、余裕があるのであれば、**張り換えてから1週間ほど時間を置いて安定させてから本番に望む**ようにしましょう。

❷楽屋からステージに出るとチューニングがおかしくなる!なぜ?

多くの場合は**温度の差**です。金属である弦は**気温によって伸縮**します。

例えば楽屋がクーラーで冷えていたのに、ステージ上は照明で暑い……という状態なら、ステージに出てしばらくすると弦が伸びてチューニングが下がってしまいます。

トラブル回避の対処方法としては、**最初からステージにギターを置いておく**か、**直前に体温で弦を少し温めつつチューニングする**と良いでしょう。

❸音が出ない!どうする?

特にエフェクターを**複数接続している場合**など、突然音が出ないトラブルに見舞われた時、どこに原因があるかわからなくパニックになりがちです。

そんな時でも落ち着いて原因を速やかに切り分けていけるといいですね。

以下の手順でチェックしていきましょう。

・ギター、ケーブル、アンプだけで直結→音が出る(**アンプとギターには問題なし**)
・エフェクト・ボードの前半部分だけを接続→音が出る(**後半のペダルのどれかに問題がある**可能性大)
・**原因が絞りこめた範囲**で細かく各所をチェック!→問題解決の**時間短縮**

❹よくエフェクターを踏み間違える！どうする？

エフェクトをスイッチングするタイミングの直前であたふたと踏む準備をすると、エフェクターを踏み間違えたり、演奏が散漫になってしまいがちです。

切り替えるよりも少し前段階の余裕のある時に**足をペダルに置いて待機**させておき、然るべき時が来た段階で踏み込めば安全にスイッチングができます。

普段の練習から、早めに足を置くクセをつけておきましょう。

❺譜面をよくロストしてしまう！どうする？

譜面を読みながらの演奏中、**譜面を追いきれずに見失ってしまうこと**を「ロストする」といいますが、このロストの原因の多くは**「よそ見」**です。

特にギタリストは左手が大きなポジション・チェンジをする際にチェンジ先を確認するため、譜面から目を外しがちです。

手元をできるだけ見ない！のは当然として、**左手への視線の延長線上に譜面を置く**ようにすれば、視線の動きを最小限に抑えることができて、演奏している箇所のロストや演奏のミスを減らすことができます。

❻ワイヤレスが誤作動！何が原因？

デジタル・ワイヤレス接続は手軽で音質も良く便利なシステムですが、ワイアード環境に比べて**トラブルが起こった際の原因を特定しづらい**という部分があります。

トラブルで多いのが**混線**でしょう。他のメンバーとの混線はチャンネル設定によって事前に回避できますが、会場や近隣の無線システム（照明などをコントロールするものなど）はすべてを把握するのが難しいです。心配な場合は事前に会場のシステムを可能な限り確認して、ステージを歩きまわって実際にテストしておきましょう。

次に**バッテリー問題**です。筆者の経験ではないですが、電池との相性で熱暴走を起こして音が出なくなったというケースをギターテックの方から聞いたことがあります。品質の安定した予備の電池はたくさん持っておくほうが良さそうです。

何より突発的なトラブルが起こってしまった時のために、**いつでもワイアード（ケーブル接続）に切り替えられるようにしておく準備**は必須でしょう。

❼ピアノ、バイオリンなどの生楽器とのセッション？どうする？

クラシック系の生楽器は繊細なサウンドを余すところなく拾うために、ライブでもコンデンサー・マイクを使用することが多いです。その隣で爆音でギター・アンプを鳴らすと……案の定最悪の結果となります。

ステージでは干渉をできるだけ避けるために、**お互いの立ち位置の距離**をとり、**アンプの音量、角度**を念入りに調整します。それでも調整しきれない場合は、衝立を立てたりライン環境にすることも検討すべきでしょう。

最後まで読んでくださってありがとうございます。
いかがだったでしょうか?
改めて**ご自身の「ギターの音を見つめ直すきっかけ」**がひとつでもあったのなら幸いです。
ここまで書いてきて、ページ数も当初の予定よりオーバーしてますが（笑）
まだまだ書ききれないことも…
演奏面、セッティング面に関しては他の本でも書いてるとしても
機材面は……取り上げたかったギター、アンプ、エフェクターはまだまだあるし
ピックアップのカバーの有り無しの違いは?とか
ナイロン・サドルはどう?とかビグスビーつけたらサスティーンが変わる?とか
配線材、ハンダ、ポットの経によってサウンドの違いは?とか
大音量時のスピーカー・ディストーションとは?とか IR ローダーはどれが良い?とか
……切りがないですね（笑）。
興味のある方は実際にお会いした時にでも語り合いましょう!
私自身もまだまだ未熟で研究中の身、
……いろいろとフィードバック、御教授いただけたら嬉しいです。
願いはただひとつ、
音作りを通して「ギターにさらにめり込んでもらい、その楽しさを分かち合いたい!」
ということです。
皆様のギター・ライフのさらなる充実を願っています。
最後に今回も遅筆に付き合ってくださった編集の杉坂氏、
デザイン / レイアウトを担当してくださる LOVIN' Graphic の杉山氏と平井氏、
数多くの写真を撮って編集してくださる山下氏、
こんな特殊な音源を面白がりマスタリングしてくださった瀬戸氏、
恐れ多くも素晴らしいコメントくださった尊敬する識者の皆様、
機材をご提供頂いたメーカー、代理店、販売店の皆様、
そして読者の皆様、多くの方のサポートにより本書を完成させることができました。
この場をお借りしてお礼を申し上げます。

山口和也

音作りに悩む
ギタリストのハンドブック！

常に「最高のギターの音」が出せる方法

著　山口　和也
2018年7月27日　第1版1刷 発行
定価（本体2,000円＋税）
ISBN978-4-8456-3262-6

【発行所】
株式会社リットーミュージック
〒101-0051　東京都千代田区神田神保町一丁目105番地
https://www.rittor-music.co.jp/

発行人　松本　大輔
編集人　永島　聡一郎

【乱丁・落丁などのお問い合わせ】
TEL：03-6837-5017　／　FAX：03-6837-5023
service@rittor-music.co.jp
受付時間／10：00-12：00、13：00-17：30
（土日、祝祭日、年末年始の休業日を除く）

【書店様・販売会社様からのご注文受付】
リットーミュージック受注センター
TEL：048-424-2293／FAX：048-424-2299

【本書の内容に関するお問い合わせ先】
info@rittor-music.co.jp
本書の内容に関するご質問は、Eメールのみでお受けしております。お送りいただくメールの件名に「常に「最高のギターの音」が出せる方法」と記載してお送りください。ご質問の内容によりましては、しばらく時間をいただくことがございます。なお、電話やFAX、郵便でのご質問、本書記載内容の範囲を超えるご質問につきましてはお答えできませんので、あらかじめご了承ください。

◎ 編集長　　永島　聡一郎

◎ 編集担当　　杉坂　功太
◎ デザイン・レイアウト　　杉山　勝彦、平井　朋宏（LOVIN'Graphic）
◎ 写真　　山下　陽子、八島　崇
◎ マスタリング　　瀬戸　隆司
◎ 印刷所　　図書印刷株式会社

©2018 Rittor Music Inc.
Printed in Japan
本書記事／写真／図版などの無断転載・複製は固くお断りします。
©Kazuya Yamaguchi
※落丁・乱丁本はお取替えいたします。

JCOPY　<(社)出版者著作権管理機構 委託出版物>

本書の無断複写は著作権法上での例外を除き禁じられています。複写される場合は、そのつど事前に（社）出版者著作権管理機構
（電話 03-3513-6969、FAX 03-3513-6979、e-mail: info@jcopy.or.jp）の許諾を得てください。

山口 和也
Kazuya Yamaguchi

やまぐち・かずや：1982年生まれ、大阪出身。幼少の頃よりピアノを学び、15才でギターを始める。2002年頃からライブ・サポート、セッション・ギタリストとしてのレコーディング参加など、プロとしての活動を開始。2006年、ブルージィなスタイルを生かして、すべての作曲／アレンジ／プログラミングを担当したブルース・ギター・インスト・アルバム『Mojo Tribe』を発表。ギター・インストラクターとしての活動も行っており、プロアマ問わず数百人のギタリストへの指導経験を持つ。ギター＆ベース教則本やギター誌講座の執筆活動の他、楽器メーカーのアドバイザーとして新製品の開発にも携わり、デモンストレーション演奏やクリニックでも国内外にて活動。最近では宮脇俊郎、小林信一、野村大輔、菰口雄矢という日本屈指のギタリストとともにGentle Guitar Vを結成、1stアルバム『Gentle Guitar V』をリリース。その他、YouTubeチャンネルを開設、ギター関連の動画コンテンツを配信するなど、多岐にわたって活動中。

※プライベート・レッスン＆プロ・ミュージシャンを交えたアンサンブル・レッスン開講中。詳細は下記のオフィシャルサイトにアクセス、または「山口 和也 プライベート・レッスン」で検索。

◎山口和也オフィシャルウェブサイト
http://kazuya-yamaguchi.net/
◎山口和也オフィシャルYOUTUBEチャンネル
YOUTUBEにてKazuya Yamaguchiと検索
◎フェイスブックアカウント
https://www.facebook.com/kazuya.yamaguchi.guitar
◎インスタグラムアカウント
https://www.instagram.com/kkkzzzyyy/
◎ツイッターアカウント
https://twitter.com/kkkzzzyyy